V&R

Wolfgang Tress

Das Rätsel der seelischen Gesundheit

Traumatische Kindheit und früher Schutz gegen
psychogene Störungen

Eine retrospektive epidemiologische Studie an
Risikopersonen

Mit zahlreichen Tabellen und 3 Abbildungen

Verlag für Medizinische Psychologie
im Verlag Vandenhoeck & Ruprecht in Göttingen

CIP-Kurztitelaufnahme der Deutschen Bibliothek

Tress, Wolfgang:
Das Rätsel der seelischen Gesundheit: traumat.
Kindheit u. früher Schutz gegen psychogene
Störungen; e. retrospektive epidemiolog. Studie
an Risikopersonen / Wolfgang Tress. – Göttingen:
Verlag für Med. Psychologie im Verl. Vandenhoeck
u. Ruprecht, 1986.

ISBN 3-525-45688-3

Schrift: Times New Roman der Firma Berthold
Satz: Dörlemann-Satz, Lemförde
Druck und Einband: Hubert & Co., Göttingen

Für

Fabian

14. Oktober 1984–30. Mai 1985

Zu seinem Gedenken geht das Honorar des
Autors an die Kinderhilfsorganisation
Terre des Hommes.

.

Zum Geleit

Rätsel lösen, gar die des Kostbarsten, was es gibt, der Gesundheit, klingt vielversprechend, fast sensationell. Schatzsucher sind selten und werden heute belächelt; einen Schatz gehoben zu haben, scheint dann im nachhinein oft so selbstverständlich wie das Ei des Kolumbus.

Hier hat ein gewissenhafter Forscher mit anspruchsvoller Methodik ein vorliegendes empirisches Datenmaterial mit einer höchst originellen Fragestellung bearbeitet – und eine solide begründete Antwort gefunden. *W. Tress,* als Psychiater, klinischer Psychologe und Psychoanalytiker gleichermaßen kompetent ausgewiesen, bearbeitete die sorgfältig dokumentierten Befunde aus unserer Felduntersuchung an 600 zufällig ausgewählten Mannheimer Bürgern der Geburtsjahrgänge 1935, 1945 und 1955, in der es bevorzugt um die Erforschung der Prävalenz, also der Häufigkeit von psychogenen Erkrankungen in der „gesunden" Allgemeinbevölkerung, ging. *Tress* stellte die alle Kliniker- und Forschergenerationen beschäftigende Frage nach den Ursachen von psychogenen Erkrankungen auf den Kopf und suchte danach, wie es denn kommt, daß frühkindlich belastete Menschen heil ins Erwachsenenalter gelangen. Die Lösung des Rätsels ist ebenso einfach wie verblüffend, nur hatten sich bisher erst wenige Wissenschaftler darum bemüht.

Das Buch und seine Ergebnisse sind ein wertvoller Baustein im Mosaikbild unserer Erkenntnis über die Psychopathologie und von beachtlicher Bedeutung auf dem Weg zum Ziel: mehr psychische Gesundheit für die Menschen.

Heinz Schepank

Inhalt

Vorwort

Widrige Lebensumstände bedingen seelische Störungen in vielschichtiger Weise. Betrachten wir belastende Lebenssituationen als Entwicklungsstationen, so werden die Zusammenhänge plausibel.

Immer wieder begegnen wir aber Menschen, meist zufällig in unserem Alltag, ganz selten nur im Kontext systematischer Forschung, die durch ihre Existenz und Biographie die obige Erfahrung zu widerlegen scheinen. Sie stehen im Zentrum dieser Untersuchung.

Zunächst werden die Beiträge der Entwicklungs- und Persönlichkeitspsychologie sowie -pathologie skizziert, wonach seelisches Leiden, dem bald Krankheitswert zukommt, aus den ökonomischen, sozialen, am ehesten aber aus den emotionalen Widrigkeiten des primären Bezugsfeldes erwächst und später allenfalls „narbig verheilt".

Sodann befragen wir die Literatur über solche auffallenden Menschen, denen das Schicksal offenbar nichts, in Wahrheit werden wir sagen müssen „wenig", anzuhaben vermochte. Hieraus werden sich Hypothesen zu den Bedingungen seelischer Gesundheit trotz frühkindlicher Risikobelastung ableiten, mit denen wir unser Befundmaterial konfrontieren wollen. Zwei Vergleichsgruppen bieten sich an: zum einen Probanden mit schwerer Kindheit, die dann auch erwartungsgemäß erkranken, und andererseits solche, die zu unserer Verwunderung gesund bleiben.

Die risikobelasteten Gesunden bestätigen, wie emotionale Entbehrungen durch verläßliche Zuwendung seitens „guter" Bezugspersonen aufgewogen werden können, vielleicht nicht ganz und gar, aber doch so weit, wie ein gelingendes Leben in unserer soziokulturellen Situation dessen bedarf.

Um tatsächlich gesunde Erwachsene zu werden, sollte der Gang der Entwicklung freilich noch ein zweites Moment bereithalten: Die frühe Triangulierung als Pforte zur Sozietät muß offenbleiben. Bei generell hoher frühkindlicher Belastung scheint dies, so unser Befund, eher durch die Abwesenheit des Vaters als durch seine Gegenwart gewährleistet.

Eine bewußt in Kauf genommene Enttäuschung des Lesers betrifft das nur spärlich mitgeteilte biographische und aktuelle Material zu den einzelnen Probanden. Leicht einsehbare Gründe des Persönlichkeitsschutzes gerade in den hochsensiblen Bereichen psychischer Krankheit und tragischer Lebensgeschichte zwingen dazu.

Mein Dank geht an alle, deren Kooperation die Vorarbeiten zu dieser Untersuchung entstehen ließ. Den Probanden der Kohortenuntersuchung danke ich für ihr Vertrauen und ihre Offenheit, der Deutschen Forschungsgemeinschaft für den materiellen Rahmen des Sonderforschungsbereiches 116, den zahlreichen Kollegen im Projekt D 2, besonders aber Herrn Dipl.-Psych. *Norbert Schiessl,* für ihre vielfältige Unterstützung sowie den Sekretärinnen, vor allem Frau *Ulla Berger,* für ihren engagierten Einsatz. In vielfältiger Weise bin ich Herrn Prof. Dr. *Heinz Schepank* dankbar verbunden, wobei nur die Betreuung mit der stellvertretenden Leitung des Projektes D 2 im SFB 116 und seine behutsame Beratung erwähnt seien. Frau *Dagmar Friedrich* vom Verlag Vandenhoeck & Ruprecht gab mir entscheidende Hinweise beim Abfassen des Manuskriptes.

Mannheim, im Frühjahr 1986   *Wolfgang Tress*

I. Seelische Widerstandskraft trotz schwerer Kinderjahre: Ein – auch wissenschaftlich – erstaunliches Phänomen

1. Allgemeiner Hintergrund: Traumatisierung in den frühesten Lebensphasen und späte Folgen

Die Geschichtsschreibung (*Seidler,* 1964) überliefert die Kunde von jenen Kindern, die Kaiser *Friedrich II.* (1194 bis 1250) mit dem strengen Befehl ihren Pflegerinnen übergab, sie zu stillen, zu baden und zu kleiden, aber alles Reden sowie Zärtlichkeiten und Liebkosungen zu unterlassen. Der Kaiser wollte derart endgültig die Streitfrage entscheiden, welche die ursprüngliche Sprache des Menschen sei, das alte Hebräisch, das neuere Griechisch und Latein oder gar die Sprache der jeweiligen Eltern. Anstatt das vermeintliche Geheimnis preiszugeben, verstarben alle Kinder, ohne gesprochen zu haben. Sie konnten nicht leben ohne die Liebe und Freundlichkeit ihrer Betreuerinnen.

Beiträge der Deprivationsforschung

Bis in das frühe 20. Jahrhundert hinein wurden die Probleme des kindlichen Hospitalismus in erster Linie unter hygienischen, ernährungswissenschaftlichen und erbbiologischen Aspekten bearbeitet (*Peiper,* 1971). Die Erforschung des *psychischen Hospitalismus* begann mit *Charlotte Bühler* und ihrer Schule (*Hetzer,* 1937). Jene ersten alarmierenden Befunde der 20er Jahre lösten damals eine Welle kaum überschaubarer Untersuchungen aus (z. B. *Goldfarb,* 1943). Internationale Beachtung fanden später die eingehenden Forschungen von *R. Spitz* (1946, 1950). Er widmete sich der Auswirkung von mangelnder Stimulation und des Entzugs ausreichender Zuwendung auf die Entwicklung von Säuglingen und Kleinkindern in psychologisch schlecht geführten Heimen. Bei Kindern, die länger als drei Monate von der Mutter getrennt wurden, stellte *Spitz* irreversible Schädigungen fest (ähnlich *Goldfarb,* 1947, 1949). – Ungeachtet forschungsmethodischer Mängel, bestätigten zahlreiche weitere Untersucher diesen Hauptbefund immer wieder. So belegte *Ribble* (1941, 1944) die Folgen eines extrem unregelmäßigen Kontaktes des Kindes zur Mutter oder zur Mutterersatzperson am Beispiel des frühkindlichen Marasmus (Verfall der Lebenskraft).

Die methodische Kritik (*Pinneau,* 1950, 1955) an diesen Studien hebt die ungenügende Beachtung eventueller angeborener Schädigungen, den unterschiedlichen intellektuellen und sozioökonomischen Hintergrund der Mütter sowie die fragliche Repräsentativität der beforschten Kinder für ihre Altersgruppe hervor. Deshalb zog man die Allgemeingültigkeit dieser frühen Erkenntnisse in Zweifel.

Meierhofer und *Keller* (1974) wiesen jedoch an Heimkindern im Alter zwischen vier und sieben Jahren Entwicklungsstörungen in jeder körperlichen und seelischen Hinsicht sowie auch und besonders pathologische Veränderungen der kindlichen Persönlichkeit nach. Kompensatorische Maßnahmen haben, so die Autoren, nur im ersten Lebensjahr Aussicht auf vollen Erfolg. Danach aber werde ihre Wirkung aufgrund der rasch abnehmenden Plastizität des Psychischen zunehmend begrenzt. – Schon 1958 hatte *Dührssen* an Heimkindern Leistungsprofile erhoben, die zu einem Drittel im Bereich der Debilität lagen. Im Gegensatz zu Pflegekindern, die immerhin noch durch gespannte Ängstlichkeit und betonte Abhängigkeit von äußerer Ermutigung auffielen, waren die Heimkinder von Apathie und Schwerfälligkeit gekennzeichnet. Beide Gruppen waren wesentlich leichter abzulenken und schwerer im persönlichen Kontakt zu halten als Familienkinder. Gleichwohl boten, so *Dührssen*, jene Heimkinder, die anfänglich bei ihren Müttern leben konnten, im ganzen doch ein günstigeres Bild als solche Pflegekinder, die von Geburt an in Heimen aufwuchsen. *Weidemann* (1959) und *Meierhofer* (1961) hatten sich hinsichtlich der nachteiligen Auswirkung der Heimerziehung auf die intellektuelle und emotionale Reife der Kinder bereits im gleichen Tenor geäußert: Am stärksten betroffen sind die von Geburt an im Heim erzogenen Kinder.

Eine Deprivationsstudie aus jüngerer Zeit (*Tizard* et al., 1978) an materiell gut versorgten Heimkindern beforschte die fehlende Konstanz in den Bezügen der Säuglinge und Kleinkinder zu Pflegepersonen wie zu Gleichaltrigen. Gleichgültig, ob solche Kinder später adoptiert werden oder gar in ihre Ursprungsfamilie zurückkehren: Im Alter von acht Jahren zeigten alle deutliche Beeinträchtigungen in Form von nervösen Magenbeschwerden und anderen „nervösen Gewohnheiten". Besonders gestört waren die Kinder, die wieder in den Herkunftsfamilien lebten! Aber auch die adoptierten belegen, daß die Auswirkungen früher Institutionalisierung ungeachtet kompensatorischer Einflüsse der späteren Umgebung sich von normal aufgewachsenen Gleichaltrigen unterscheiden. Die Autoren führen die Vielzahl psychosomatischer Beschwerden, Verhaltensstörungen und die charakteristische undifferenzierte Überfreundlichkeit bei diesen ehemaligen Heimkindern auf die frühe Institutionserfahrung zurück: Dort hatten sich die Kinder bis zum Alter von vier oder fünf Jahren bis zu 50 verschiedenen Pflegepersonen anzupassen. In der wechselnden Masse Gleichaltriger fehlte ebenfalls die Kontinuität persönlicher Beziehungen.

Heute meint der Begriff der Deprivation nicht mehr ausschließlich das Fehlen bestimmter Pflegepersonen, sondern er umfaßt auch überdauernde psychosoziale Irritationen während der Kindheit wie auch Mängel der äußeren materiellen Situation. So definieren *Langmeier* und *Matejcek* (1977) psychische Deprivation als Folgezustand des Organismus nach quantitativ und qualitativ unzureichender Möglichkeit der Befriedigung grundlegender psychischer Bedürfnisse. In diesem Sinne wurde von anderen Autoren der zeitüberdauernde Effekt *stetiger* Einwirkung einer konstanten, aber einseitigen Umwelt (Familienstil) belegt. Nach *Langenmayr* (1975, 1978) ist die Familienkonstellation als deutlich wirksame Variable für die Entstehung von Neurosen (im weitesten Sinne von psychogenen Störungen, s. u.) anzusehen. Besondere Bedeutung kommt nach wie vor dem endgültigen Verlust von Elternfiguren zu, dem Zeitpunkt des Verlustes, aber auch dem nur vorübergehenden Verschwinden einer Bezugsperson aus dem Lebensraum des Kindes. Gleichfalls bedeutsam sind Verluste, welche Eltern eines Kindes in ihrer eigenen Kindheit erlebten und die sich später mittelbar auf ihr Kind auswirken. Ein solcher Hintergrund unzeitgemäßer Verluste setzt sich nach *Langenmayr* im weiteren Leben nach Art sich selbst erfüllender Prophezeiungen durch. Man denke an eine neurotische Partnerwahl, die ihrerseits wieder schmerzliche Verluste „programmiert", auf die der Betroffene im Erwachsenenalter dann so wenig vorbereitet ist wie in seiner Kindheit.

Abnormes Verhalten im Rahmen kindlicher emotionaler Störungen unterscheidet sich insgesamt eher im Ausmaß als in der besonderen Art von einem normalen Entwicklungsgang (*Rutter* et al., 1970). Dennoch meinen *Slater* und *Ainsworth* (1972), ohne damit eine besonders sensible Phase in einem Entwicklungsverlauf herausheben zu wollen, daß langanhaltende, schwere Deprivationen, die frühzeitig im ersten Lebensjahr einsetzen und drei Jahre lang bestehen bleiben, extrem negative und nur schwer zu beseitigende Auswirkungen auf die geistigen und seelischen Funktionen des Betroffenen ausüben. Nach *Moog* und *Moog* (1972) gibt es keine Argumente, die eine optimistische Ansicht zur Heilung von Schäden durch frühe und schwere Deprivationen rechtfertigen könnten. Der affektive Dialog der Mutter-Kind-Dyade reagiert äußerst empfindlich auf alle Arten von Störungen (*Nissen*, 1971). Vielmehr ist, was als „vollständige Heilung" beschrieben wird (*Hemminger,* 1982), das trügerische Produkt oberflächlicher Bewertungsmethoden; notwendigerweise entgehen ihnen die verborgenen, d. h. im alltäglichen Umgang gegenüber Außenstehenden kaschierbaren Störungen, die selbst nach einer verhältnismäßig kurzen Trennung entstehen. Aber schon auf dem Fragebogenniveau (*Rosenburg,* 1965) läßt sich (bei Kontrolle der sozialen Schicht) ein bedeutsamer Zusammenhang zwischen einem schlechten Selbstvertrauen und Mängel in der sozialen Kompetenz auf der einen Seite und einem unvollständigen Elternhaus auf der anderen nachweisen (*Megargee* et al., 1971).

Zusammenfassend referiert *Robins* (1979) Aspekte der Familie und der übrigen Kindheitsbedingungen, welche üblicherweise in Längsschnittuntersuchungen (mit wiederholten Untersuchungen der Probanden) zu psychischen Störungen und Erkrankungen zur Vorhersage der weiteren Entwicklung erprobt werden. Es handelt sich hierbei um Familiengröße, broken-home-Situation, uneheliche Geburt, Adoption, Aufnahme in Pflegefamilien, den sozioökonomischen Status, die Einstellung der Eltern zum Kind, um Verhaltensprobleme der Eltern und Geschwister u. ä. Das Problem aller dieser Prädikatoren ist, daß sie hochgradig voneinander abhängen. Nur wenn man einige der Faktoren konstant hält, können bestimmte kindliche Lebensbedingungen als Ursachen von psychosozialen Störungen im Erwachsenenleben überhaupt erst kenntlich werden. Dann erweist sich etwa der kausale Zusammenhang zwischen niedriger sozialer Klasse und Delinquenz bzw. schlechter sozialer Anpassung (*Havighurst* et al., 1962; *Roff,* 1970a, b, 1972; *Robins,* 1974; *Rutter,* 1970; *Farrington* et al., 1975).

Gerade zum Stichwort „broken home" bestätigt die neuere methodenkritische Forschung (*Rutter,* 1971) etwa den Zusammenhang zwischen Trennungserlebnissen in der frühen Kindheit und der Entwicklung antisozialen Verhaltens im späteren Alter (*Glueck* und *Glueck,* 1940, 1968). Dabei scheinen die emotionalen Interaktionen in der Familie vor oder nach der Trennung bedeutsamer zu sein als die Tatsache (zumeist Scheidung) selbst (*Stober,* 1980). Deshalb fordert *Robins* (1974) mit allem Nachdruck, verschiedene Typen aus dem allgemeinen Sammeltopf „broken home" zu isolieren (ähnlich *Ernst, Kind* et al., 1968; *Douglas,* 1970, 1975; *Nissen,* 1971; *Forssmann* und *Thuwe,* 1966).

Immer wieder bezeichnet die Literatur Unterschichtkinder als in erweitertem Sinne depriviert (*Sontag* et al., 1958; *Bayley* und *Schafer,* 1964; *H.* und *N. Robinson,* 1972).

Diese Kinder werden gegenüber solchen aus stimulierender Umgebung durch Passivität, Apathie und Mutlosigkeit charakterisiert. Infolge frühkindlicher Traumatisierungen in den Unterschichten entwickeln sich defiziente Stile und Strategien der Informationsverwertung und eine nur mangelhafte Leistungsmotivation. Allerdings sollten derlei schwerwiegende Befunde zur Mangelentwicklung im kognitiven Bereich – ungeachtet ererbter Intelligenzmängel – nicht über das ursprüngliche Trauma in Gestalt einer ungenügenden seelischen Zuwendung hinwegtäuschen.

Wurden bislang vorwiegend empirische Befunde referiert, die sich *kurzfristigen* Deprivationsfolgen im Kindesalter widmeten, so kommen nachfolgend Arbeiten zu Wort, die sich mit den *Langzeitfolgen* bis ins Erwachsenenalter hinein auseinandersetzen. Darin geht es vorwiegend um die Vorhersagbarkeit von psychogenen Erkrankungen im Erwachsenenalter auf der Grundlage seelischer Störungen im Kindesalter. Wenn diese Arbeiten auch nicht regelmäßig auf ein wie immer definiertes Mangelerleben als Ursache dieser frühkindlichen Störungen eingehen, so gehören sie doch in den Bereich unseres Themas, da wir die Konzepte zur Genese frühkindlicher Störungen selbst nun bereits kennen.

Nach *Block* (1971, vgl. auch *Hunt* und *Eichhorn,* 1972) sind für Mädchen Eßprobleme, übertriebene Bescheidenheit und Abhängigkeit im Alter von zehn Jahren Prädikatoren neurotischer Lebensanpassung im Alter von 30 Jahren. Die gleiche Prognose stellt sich für Buben, die entweder ausgesprochen introvertiert, scheu und düster oder aber streitsüchtig, negativistisch und reizbar sind. Zu erwähnen sind hier auch Beobachtungen von *MacFarlane* (1964) an 166 Kindern über den Zeitraum von der Geburt bis zum 30. Lebensjahr. *MacFarlane* war beeindruckt von der Veränderbarkeit im Grundmuster des Sozialverhaltens auf jeder Entwicklungsstufe ihrer Probanden. Trotzdem kann auch sie nicht umhin, in den frühesten Familienbeziehungen den wichtigsten Einflußfaktor zu erkennen, der zunächst einmal das soziale Erleben und Verhalten in der Kindheit bestimmt. Ein ausgesprochener Risikofaktor für die weitere Lebensentwicklung liegt im Verlust geliebter Bezugspersonen während des frühen Kindesalters.

Bedeutsame und wiederholt erhobene „Negativergebnisse" (*Robins,* 1979) sollen nicht unerwähnt bleiben: Aggressive Verhaltensprobleme im Erwachsenenalter treten nicht auf, wenn sie nicht auch in der Kindheit zu beobachten waren. Des weiteren wirken sich negative Gegebenheiten des sozialen Umfeldes nur insoweit aus, als sie sich in den Primärfamilien widerspiegeln. Insofern führen zerbrochene familiäre Verhältnisse nicht als solche zur Delinquenz, sondern nur, wenn sie mit einer devianten, delinquenten Wesensart eines oder beider Elternteile einhergingen. Damit kommen unzweifelhaft auch erbliche Bedingungskomponenten ins Spiel. – Hingegen führen psychoneurotische Probleme der Eltern auch bei Trennungen nicht zwangsläufig zur Straffälligkeit der Kinder.

Delinquenz hat vielmehr Mutterferne, Ablehnung durch die Mutter und seelische Belastungen der Mutter zur Voraussetzung (*Gareis* und *Wiesnet,* 1974). „Mutterferne" meint hierbei Heimunterbringung und Fremderziehung. Diesbezüglich haben straffällige Heimkinder eine dreimal geringere Sozialisationschance als Normalkinder (vgl. auch *Bowlby,* 1946; *Gregory,* 1958; *Gay* und *Tonge,* 1967). Der entsprechende Rückstand läßt sich später nicht mehr aufholen und vergrößert sich eher noch durch weitere Negativfaktoren der Soziogenese, wie etwa die Zugehörigkeit zur Unterschicht und unvollständige bzw. schwer gestörte Familienverhältnisse (*Rauchfleisch,* 1981).

Robins (1974, 1979) findet Hinweise darauf, daß gar nicht so sehr die ausgesprochenen Verhaltensstörungen (*Cox,* 1976), als vielmehr *kindliche emotionale Störungen* Indikatoren von Neurosen im Erwachsenenalter sind (ebenso *Pritchard* und *Graham,* 1966). Aber: die korrelativen Beziehungen sind nicht so hoch, daß hiervon abweichende Beobachtungen Ausnahmecharakter hätten.

Ein besonderes Interesse wandte sich in den vergangenen Jahrzehnten den ehemaligen Kindern aus Konzentrationslagern oder Flüchtlingszentren zu, die tiefergehende und mehr basale Traumatisierungen als bisher referiert zu durchleiden hatten. Auch sie verloren meist den Kontakt mit der Primärfamilie. Ihre körperliche und seelische Entwicklung verläuft bei zerbrochenem Urvertrauen oft in Richtung einer schizoiden Charakterstörung. Wenn auch nach der Akklimatisierung in einer neuen Umwelt bei bis zu 60 % der Opfer keine direkte oder offene Symptomatik mehr zu erheben ist, so ist doch die psychische Belastbarkeit und Stabilität der Betroffenen deutlich niedriger: Schon kleinste Lebensveränderungen führen zu seelischen Zusammenbrüchen. Diesbezügliche Beobachtungen sind jedoch weniger gravierend, wenn der Lagerzeit eine wirklich glückliche Kindheit vorausging. – *Keilson* (1979) betont aber auch in seinen Untersuchungen ehemaliger KZ-Kinder den reparativen Einfluß einer nachfolgenden Rehabilitationsphase, sofern diese günstig verläuft. – Die Auswirkungen frühkindlicher Deprivation unter den Bedingungen der Konzentrationslagers faßt *Biermann* (1974) dahingehend zusammen, daß eine erhebliche Unfähigkeit gegenüber den Anforderungen des Erwachsenenalters festzustellen sei, insbesondere unter den Aspekten der Liebe, der Partner- und Elternschaft. Dadurch werde die Persönlichkeitsstörung der dem KZ entronnenen Kinder deren Nachkommenschaft als eine „KZ-Psychopathologie der zweiten Generation" weitergegeben.

Immer deutlicher erweist sich damit die Deprivationsforschung, gleichgültig auf welcher theoretischen Grundlage, als das entscheidende empirische Feld, von wo aus die Gegenthese, frühkindliche Traumatisierungen seien durchaus in jeder Hinsicht reparabel, endgültig zurückgewiesen werden muß. Allerdings sind die Verhältnisse nach Art einer Übergangsreihe aufzufassen: Das eine Extrem wird illustriert durch die Schicksale von *Kaspar Hauser* (*Pies,* 1973) und die der „Wolfskinder" (*Malson* et al., 1974). Ihre Schädigung blieb jedesmal irreparabel. Die Verhältnisse am anderen Pol der mehr oder weniger tiefgreifenden seelischen Traumatisierung im Kindesalter beleuchtete erst vor kurzem eine wegweisende Arbeit von *Dührssen* (1984) über Risikofaktoren für psychogene Krankheiten des Erwachsenen. An einer klinischen Stichprobe wurden folgende psychosozialen Risikodispositionen der Kindheit empirisch herausgestellt: Geburtsstatus, Alter und Gesundheit der Eltern, Stellung in der Geschwisterreihe, Verlusterlebnisse der Patienten (Wegfall wichtiger Bezugspersonen), sozioökonomische familiäre Belastungen und Beeinträchtigungen sowie erhöhte Konflikthaftigkeit in der Familie. Der eigentlich aufregende Befund aber ergibt sich beim Vergleich der klinischen Stichprobe mit einer sich selbst als gesund definierenden Kontrollgruppe. Für sie lassen sich genau dieselben Zusammenhänge bestätigen, wenn auch die Schwere biographischer Belastungen und die aktuellen Symptomprofile nicht das auffällige Niveau der klinischen Stichprobe erreichen.

Beiträge der Verhaltensbiologie

Auch unter dem Aspekt der Reifung als einer quantitativen und einer qualitativen Veränderung innerhalb eines zeitlichen Kontinuums, wobei sich vorgegebene Entwicklungsdispositionen verwirklichen, bleiben insbesondere bei höheren Tieren und dem Menschen die Umweltgegebenheiten bestimmend für den Ablauf der psychischen Entwicklung. Die genetisch vorgegebenen Möglichkeiten des menschlichen Säuglings als einer „physiologischen Frühgeburt" (*Portmann,* 1951) sind hierzu angewiesen auf adäquate Angebote seitens der Umwelt (*Spitz,* 1967; *Bowlby,* 1952). Wenn etwa die gedeihliche Entwicklung eines neugeborenen Menschen oder Tieres von der zuverlässigen Anwesenheit einer konstanten, bedeutsamen Bezugsperson abhängt, so ist seine Schädigung bei gänzlichem Fehlen, aber auch bei ständigem Wechsel der Pflegepersonen unausweichlich. Schon neugeborene Affen können durch das entgleiste Wechselspiel mit ihrer „psychotoxischen Umwelt" (*Spitz,* 1973) derart geschädigt werden, daß etwa mutterlos aufgewachsene weibliche Affen die Möglichkeiten verlieren, selbst den eigenen Nachwuchs zu pflegen (*Harlow,* 1962, 1975). Die morphologische und biochemische Auswirkung der Deprivation in der frühesten Lebensphase am zentralen Nervensystem konnte in Tierversuchen von *Krech, Rosenzweig* und *Bennett* (1966) experimentell belegt werden.

Von strukturellen Veränderungen der Gehirnzellen in gezielt stimulierten Gehirnarealen bei Experimenten an Schnecken berichtet *Kandels* (1983). Das beweist die grundsätzliche Abhängigkeit des Feinaufbaus des Gehirns von Einwirkungen aus der Umwelt. *Hebb* (1972) und *Guttmann* (1982) ergänzen diesen Aspekt und führen neurophysiologische Überlegungen und Befunde zur Einwirkung von Umweltfaktoren auf die nachgeburtliche Hirnreifung bzw. Nichtausreifung angelegter Strukturen aus. Tatsächlich unterscheiden sich Baby-Ratten, die in einer anregenden Umwelt voller Lernmöglichkeiten aufwachsen, von experimentell deprivierten leiblichen Geschwistern: Die reich stimulierten Ratten boten dank vermehrter Glia-Zellen ein um 4% bis 6% höheres Cortex-Gewicht und eine dickere Hirnrinde. Der Gehalt an Acetylcholinesterase war um 8% erhöht (*Rosenzweig,* 1965, 1970). Zudem waren vermehrte dendritische Kontaktstellen nachzuweisen (*Schapiro* und *Vukovich,* 1970). Damit steht auch die Möglichkeit unumkehrbarer Folgen früher Deprivation bereits auf zentralnervösem Niveau fest. Überdies hängt im Deprivationsexperiment der kortikale Aminosäurespiegel, die Gewichtszunahme und die Überlebenschance junger Ratten von der Bekanntheit des Ersatz-Muttertieres ab (*Plauth* und *Davis,* 1972).

Auch die Verhaltensbiologie spricht von den absolut schicksalsbestimmenden Milieuverhältnissen bei Säuglingen und Kleinkindern in den ersten Lebensjahren. *Hassenstein* (1973, 1975) unterscheidet vier wesentliche Verhaltensbereiche: die Nahrungsaufnahme, das frühkindliche Kontaktbedürfnis, die individuelle Mutter-Kind-Bindung mit Erkundung der Umwelt und dem Spiel sowie die Sexualentwicklung. In all diesen Bereichen erweist sich der Mensch als hochgradig soziales Wesen auch dort, wo sein Verhalten sich nicht unbedingt auf einen Partner bezieht. In ihrer Entwicklung jedenfalls sind diese Bereiche unauflöslich in soziale Zusammenhänge eingebettet. Störungen der Entwicklung auf allen genannten Ebenen wirken sich daher auf die Sozialisation des Kindes aus. Die zuverlässige und kontinuierliche Zuwendung einer Pflegeperson läßt sich keinesfalls durch frühe, unpersönliche Reizpraktiken ersetzen (*Schmalohr,* 1968, 1975).

Mit etwas anderer Gewichtung betont *Hebb* (1972) das entwicklungsfördernde Moment eines mittleren Aktivitätsniveaus, welches einerseits allzu starre Gleichförmigkeit und andererseits ausgesprochen schmerzhafte Zustände vermeidet. Als Sozialwesen scheinen Menschen wie auch die höheren Tiere konstitutionell am Beginn ihres Lebens zur optimalen Regulation jenes Spannungsniveaus wie auch zur Kanalisierung ihres Antriebsüberschusses (*Gehlen,* 1958) auf die zuverlässige Anwesenheit eines älteren, pflegenden Artgenossen angewiesen zu sein (*Harlow,* 1959, 1962), damit das Neugeborene in der „primären Erziehung" lernen kann, wie man den Umgang mit der Welt und mit sich selbst in der Welt optimal lernt (*Papousek* und *Papousek,* 1982).

Eine fundamentale Krise in der Entwicklung der Psychoanalyse trat ein, als *Sigmund Freud* zu der Überzeugung kam, daß die frühkindlichen Traumata der sexuellen Verführung (*Freud,* 1896) und der Urszene keineswegs als objektive Ereignisse im Leben seiner hysterischen Patientinnen, sondern als deren Fantasien anzusehen waren. Diese Erschütterung überwand *Freud* im Zuge seiner Selbstanalyse durch den epochalen theoretischen Wurf, wonach die Wege unserer Triebschicksale viel weniger von einer äußeren Realität als vielmehr und ganz besonders von unserem unbewußten frühkindlichen Empfinden, Erleben und Fantasieren mitbestimmt werden. Weil es im Unbewußten keine Realitätszeichen gebe, könne man die äußere Wahrheit und die mit Affekt besetzten Fiktionen nicht voneinander unterscheiden (*Freud,* 1897). Dieses Verhältnis des Sowohl-Als-auch zwischen frühkindlicher Fantasie und objektiver Lebensrealität in der Äthiopathogenese der Neurose, wie es die Schriften *Freuds* und speziell seine großen Krankengeschichten durchzieht, wandelt sich im Werk von *Melanie Klein* (1962) zur ausschließlichen Betonung der wirkmächtigen, letztlich mitgeborenen frühkindlichen Fantasiewelt.

Im „mainstream" der Psychoanalyse zweifelt man heute weniger denn je an dem entscheidenden Gewicht, welches die Empfangs- und Lebenswelt eines Kindes in ihrer bio-psycho-sozialen Realität – wie wir diese intersubjektiv feststellen können – für die Entwicklung der Person besitzt. Sind es doch die Interaktionen des Kindes mit seiner je besonderen Umwelt, welche die frühen Fantasien speisen und sich dann in den Strukturen und überdauernden Dispositionen der späteren Persönlichkeit niederschlagen. Über ein solches Erfahrungswissen verfügt die Kinderheilkunde (*v. Pfaundler,* 1925) schon lange. Gerade die neurotisch motivierten Modifikationen früher Eindrücke und Erlebnisse, die *Freud* (1909) als Familienroman beschrieb, erschweren aber die objektivierende Geneseforschung. Dennoch gehört die Verwurzelung psychischer Erkrankungen in der frühen Kindheit zur Basis der psychoanalytischen Krankheitslehre. Empirisch geht es der psychoanalytischen Geneseforschung um die Frage, welche konkreten Kindheitserlebnisse als Risikofaktoren die Entwicklung einer psychogenen Krankheit begünstigen (*Janta* und *Ermann,* 1983). Für Bedingungen extremer Deprivation in den ersten Lebensjahren steht ein solcher Zusammenhang unzweifelhaft fest. Das belegen die Arbeiten um

Spitz und um *Bowlby* mit erschütternder Eindringlichkeit, worauf oben eingegangen wurde.

Nach *R. Spitz* (1967) hängt es ab vom jeweiligen Grad der Frustration, welche ein Säugling ertragen muß, wie die Brücke zwischen ihm und der sozialen Mitwelt sich gestaltet. Über diesen ursprünglichen emotionalen Grundbezug müssen die ersten averbalen und später verbalen Kontakte hergestellt und entwickelt werden. *H. Müller-Braunschweig* (1975) bemüht das Bild von den unausgereiften „Puffereigenschaften" eines jungen Organismus, der deshalb seinen Erregungen stärker ausgesetzt ist als stabile, reife Systeme. Psychische Eindrücke und ihre neuro-physiologischen Korrelate müßten deshalb in früheren Zeiten stärkere Spuren hinterlassen als spätere Erfahrungen. Damit aber erhöht sich die Wahrscheinlichkeit, spätere Begegnungen und Erfahrungen gemäß jener frühen Tönung zu gestalten, zu erleben und zu interpretieren. Derart entstehen psychische Dispositionen für das zukünftige Erleben und Verhalten. Natürlich können spätere Erfahrungen den frühen Dispositionen mehr oder weniger gegensteuern, aber nur dann, wenn sie *nicht* immer wieder erneut den alten traumatischen Erfahrungen entsprechen. Genau dahin gehen die Erfahrungen der psychoanalytischen Kindertherapie und Geneseforschung (*A. Freud* und *D. Burlingham,* 1950; *A. Freud,* 1971; *Bowlby,* 1952, 1958, 1960, 1976; *Dührssen,* 1962, 1971; *Mahler,* 1968, 1975).

Die zeitgenössische Psychoanalyse hat spätestens seit *Balint* (1952) die „one-body-psychology" überwunden und weiß um die primäre Ausrichtung des Neugeborenen auf einen Partner (die Mutter, das primäre Objekt), der kindliches Verhalten mit dem seinen beantwortet, „der geliebt, herbeigesehnt, gebraucht und gehaßt wird; der auf vielfältige Weise ein Modell für Imitation und Identifikation darstellt, mit dem das Kind eine symbiotische Dualunion erlebt und einen Dialog unterhält, an dessen Erwartung es sich anzupassen lernt, dessen Sichtweise es aufnimmt und sein Selbsterleben daran ausrichtet usf." (*Mertens,* 1981, S. 43).

Aufgrund langjähriger systematischer Beobachtungen normaler Entwicklungsprozesse am Master-Children's-Center in New York entwickelten *Mahler* et al. (1975) ihre weithin beachtete Theorie der „psychischen Geburt" des Menschen, welche nach den Phasen des Autismus und der Symbiose im sechsten Monat als zwei- bis zweieinhalbjähriger Vorgang die Subphasen der Differenzierung, der Übung und der Wiederannäherung durchläuft, bis sie am Ende des dritten Lebensjahres zu ihrem Ziel gelangt: der seelischen Individuation mit emotional beständigen Einstellungen zu den ebenfalls als eigenständige Personen erlebten anderen Menschen (emotionale Objektkonstanz).

Ohne diese theoretisch und therapeutisch fruchtbare Theorie hier auszuführen, sei in unserem Zusammenhang die unveräußerliche Bedeutung hervorgehoben, welche während des gesamten Individuationsprozesses ein und derselben mütterlichen Person zukommt: Die symbiotische Phase verlangt von der Mutter die gefühlsmäßige Bereitschaft, auf die halluzinatorische Illusion des Säuglings einer allmächtigen und großartigen leiblich-seelischen Verschmelzung einzugehen und sie zu schützen. Dagegen muß sie während der Subphasen des Separations-Individuations-Prozesses einerseits das Kind für sein erstes eigenständiges Weiterleben freigeben, aber nur, um desto zuverlässiger als „Heimatbasis" für „emotionales Auftanken" (Übungs-Subphase) bereit zu sein. Genauso unerläßlich für das Gelingen der Individuation ist anschließend die einfühlsame, tolerante Liebe und Akzeptanz der Mutter gegenüber den widersprüchlichen (ambivalenten) Gefühlen und Verhaltensweisen des Kindes ihr gegenüber aufgrund von Krisen und Belastungen seines Selbstwerterlebens angesichts der Erfahrung endgültigen leiblich-seelischen Getrenntseins in der Wiederannäherungsphase. Man versteht, wie sehr es auf die psychosozialen Realitäten im primären Umfeld ankommt, soll die allmähliche Verinnerlichung ausreichend beständiger und positiver Interaktionsmuster aus den Erfahrungen mit der tatsächlichen mütterlichen Person zur emotionalen Objektkonstanz führen, was die Voraussetzung für autonomes Selbsterleben und zunehmend reife Ich-Funktionen bildet.

Von Heimkindern dagegen schildert *Bowlby* (1961) einen Zustand des Grämens, den er in Anlehnung an *Spitz* mit den Begriffen „Protest, Verzweiflung und Rückzug" kennzeichnet: Letztendlich werden Emotionen abgespalten und verworfen (das Kind bildet nie „innere Begriffe" dieser Gefühle, kann sie also gar nicht erst verdrängen), statt zu gesunder Abreaktion geführt zu werden. Dem kindlichen Subjekt ist es nicht länger möglich, dem Drängen nach Wiedervereinigung mit dem primären Objekt (der Mutter oder einer vergleichbaren Person) Ausdruck zu geben. Die hierbei adäquate Emotionalität von zarter Sehnsucht bis zur zornigen Enttäuschung wird nicht mehr wahrgenommen. – Kinder, die ihre ersten beiden Lebensjahre im Heim verbringen müssen, tragen aus diesen Gründen nach *Mausshardt* (1962) bleibende seelische Schädigungen davon.

Eine gelungene Entwicklung indessen erfordert ein intimes und dauerhaftes Band starker und guter Gefühle, die das Kind und seine Mutter (bzw. Ersatzmutter) verbinden, damit hierin beide eine Quelle der Befriedigung und Freude finden. Das daraus erwachsende Urvertrauen (*Erikson,* 1950) stellt zugleich die erste soziale Leistung und die Grundlage eines naiven Selbstgefühls des Kindes dar. *Dührssen* (1976) sieht hier das Heranreifen eines Systems der Vertrautheit in den allerersten Lebensmonaten. Wo ein solches Urvertrauen fehlt, ist eine allgemeine Herabstimmung des Lebensgefühls, verbunden mit Störungen der geistigen und seelischen Gesundheit, zu erwarten, nach Schweregrad und Dauer einer solchen Deprivation verschieden schwer und kaum mehr korrigierbar. Schließlich führt *Bowlby* (1976) in diesem Zusammenhang den Begriff einer Bindungsfigur ein, die in Furcht- und Angstzuständen Schutz und Trost zu geben vermag. Entscheidend ist weniger die reale Präsenz jener Bindungsfigur als vielmehr das Vertrauen des Kindes in ihre zuverlässige Verfügbarkeit. Je früher dieses Vertrauensverhältnis gestört werde, um so intensiver und nachhaltiger die Traumatisierungen. Dahingehend äußern sich auch *Peck* und *Havighurst* (1960), in deren Befunden kindliche Psychopathologie mit der emotionalen Unzuverlässigkeit der Familie einhergeht und von den frühesten Schultagen bis in die beginnende Pubertät (dies war der untersuchte Zeitraum) eine hohe Konstanz beweist.

Auch psychoanalytische Autoren heben neben dem Bedürfnis nach emotionalem Vertrauen als dem Grundpfeiler einer gesunden seelischen Entwicklung das darauf aufbauende Verlangen des Kindes nach adäquater Stimulation in mittlerer Variationsbreite hervor (*Sandler,* 1960). Sowohl die Gefahr der Monotonie als auch die der Desorientierung gilt es zu beachten. Um aber die erforderliche Spannungsregulation angesichts der auf das Kind einstürmenden Umweltreize zu gewährleisten, welchen der junge Organismus auf sich selbst gestellt noch hilflos ausgeliefert wäre, bedarf es der konstanten Bezugsperson, die Sicherheit und Wohlbehagen garantiert.

Im Gegensatz dazu werden bei langjähriger Heimerziehung mit wenig und unzureichend ausgebildetem Pflegepersonal, das dazu noch ständig wechselt, oder in einer Kleinfamilie mit pathologischen Eltern etwaige schwere Früherlebnisse weiter verstärkt. Im

Rahmen unserer Kultur setzt sich der Umgang auch der gestörten Mutter mit ihrem Kind bis zum Ende der Schulzeit fort und verstärkt hiermit früh angelegte Dispositionen zu neurotischem Verhalten und Erleben. Allzu häufig üben Väter, Geschwister und andere Verwandte gerade keinen kompensatorischen Einfluß aus, sondern unterstützen und verstärken einen Erziehungsstil, welcher die erwähnten Bereitschaften nur noch mehr zur Geltung kommen läßt oder doch zumindest keine Hilfe zu ihrer Bewältigung bietet (*Richter,* 1967, 1970). Im Kontext der hier nicht weiter behandelten Schizophrenieforschung liefern auch *Lidz* u. a. (1959/60) sowie *Wynne* und *Singer* (1965) eindrucksvolle Belege für die Folgen eines unverändert negativen Erziehungsstils.

Nach wie vor hilfreich erweist sich daher auch das theoretische Verständnis der kindlichen Psyche als einer anfangs undifferenzierten Matrix (*Hartmann,* 1958), deren relative Offenheit ihrer Entwicklung durch wiederholte Erfahrungen bestimmter für dieses Kind mit seiner Mutter typischer emotionaler und motorischer Interaktionen immer mehr abnimmt und zur Grundlage späterer sozialer Beziehungen wird. Solche überdauernden Strukturen (*Sandler* et al., 1967) als Niederschlag wiederholter frühkindlicher Interaktionen unterliegen nicht der Löschung, sondern der progressiven Veränderung. In dieser Betonung der historischen Gewordenheit des Individuums und seiner überdauernden Bereitschaften des Befindens, Erlebens und Verhaltens und damit des psycho-genetischen Gesichtspunktes (*Rapaport,* 1960; *Mitscherlich* und *Vogel,* 1965) trifft sich die Psychoanalyse mit der genetischen Psychologie von *J. Piaget* (1969): Die Vergangenheit eines Individuums wirkt durch die Schemata des Verhaltens und Erlebens in die Gegenwart fort. Genau dahin geht auch die „Re-Instatement-Theorie" von *Campbell* und *Jaynes* (1966), wonach jede Erfahrung in früher Kindheit nur weiterwirkt, wenn sie in bestimmten Intervallen wiederholt wird. Die Bildung relativ dauerhafter Verhaltenseigenschaften wird somit durch frühe wiederholte Lernvorgänge entscheidend mitbestimmt.

Im Zuge ähnlicher Überlegungen wendet sich *Schwidder* (1972) gegen die vermeintlich objektive Zählung der broken-home-Verhältnisse, die er schon im Ansatz für verfehlt ansieht. Für psychogene Störungen ist vielmehr die Geschichte der zwischenmenschlichen Gefühlsbeziehungen eines Individuums entscheidend. – *Th. Hau* (1968) prägte für die Kinder kriegsdienstverpflichteter Mütter und von Soldaten-Vätern den Begriff des „häuslichen Hospitalismus". Er umfaßt auch jene Mangelerfahrungen in der frühen Kindheit, bei denen die durchaus anwesende Mutter im kindlichen Erleben zu wenig präsent sein kann. *Nissen* (1971) zählt all dies zur broken-home-Situation vom Typ II. Kommunikative Störungen von groben Vorkommnissen bis zur feinsten atmosphärischen Beeinflussung (*Schwidder*, 1962) sind mithin als die eigentlichen Quellen seelischer Traumata zu erachten. Dazu entwickelte *Schwidder* eine Typologie der schädlichen elterlichen Liebeseinstellungen gegenüber dem Kind. Unter diesem Gesichtspunkt stellt *Schwidder* (1972) nachdrücklich in Frage, ob nicht eine anamnetische „Pseudounauffälligkeit" jene 20% der Neurotiker kennzeichne, für die keine frühkindliche Belastung nachzuweisen ist. *Winnicott* (1965) verdanken wir den Hinweis, gerade dann auf eine pathogene Familiendynamik zu achten, wenn wir bei übermäßig braven, folgsamen und einseitig auf Pflicht und Leistung eingestellten Kindern die neurotische Persönlichkeitsentwicklung zu übersehen geneigt sind.

Fazit

Wenn hier die Literaturübersicht zum Thema der kindlichen Traumatisierung und nachfolgender psychogener Erkrankungen mehr oder weniger willkürlich abbricht, so geschieht dies keinesfalls, weil die einschlägige Literatur bereits erschöpfend behandelt wäre. Vielmehr galt es, einen Tatbestand ausreichend deutlich werden zu lassen, der den allgemeinen Hintergrund zur nachfolgenden empirischen Untersuchung abgibt.

Unser menschliches Schicksal ist zweifelsfrei mehr als die bloße Entfaltung bzw. Repetition unserer frühen kindlichen Erfahrungen mit den Eltern und Geschwistern bzw. etwaigen Ersatzpersonen. Gleichwohl bedarf es nicht erst des hermeneutischen Zirkels und seiner Anwendung auf die psychoanalytische Behandlungssituation, um die Spuren einer Kindheit, die als nicht mehr „gut genug" zu erachten ist und unter dem schlimmen Leitstern einer deutlichen oder gar schwer ausgeprägten Deprivation stand, im späteren Lebensweg eines Erwachsenen festzustellen. Die oben referierten Arbeiten ermutigen vielmehr zur Besinnung auf empirische Ansätze, um mit ihrer Hilfe aus dem recht weiten Begriff der kindlichen Deprivation die eigentlichen Ursachenmomente in der Entstehungsgeschichte psychogener Erkrankungen herauszuschälen. Hierdurch wird die These eines globalen und abstrakten Zusammenhanges zwischen frühkindlicher Deprivation und psychogenen Erkrankungen in späteren Lebensphasen nicht überholt, sondern konkret und im Detail belegt.

2. Das Rätsel seelischer Gesundheit angesichts hoher frühkindlicher Belastungen

Wenn das vorangegangene Kapitel den Zusammenhang ungünstiger Lebensbedingungen der frühen Kindheit mit psychogenen Erkrankungen im Erwachsenenalter herausschälte, so doch nur als Grundtenor, der im Zuge eines individuellen Lebens vielfältige Modifikationen zu erfahren vermag. Unbestritten prägt der besondere zeitliche Ablauf der Erfahrungen und Antworten darauf im späteren Kindes-, Jugend- und Erwachsenenalter den lebenslangen Entwicklungsgang einer Persönlichkeit. Dies drohte allenfalls von Einzelströmungen der Psychoanalyse zeitweise unterschätzt zu werden. Gerade dann, wenn die Entwicklungsbedingungen – unter welchen Standards auch immer – zwar nicht gerade optimal, aber auch nicht als gänzlich verheerend zu erachten sind, vermögen spätere Einflußfaktoren positiver Art kompensatorisch zu wirken: Bildlich gesprochen geht es um ein ausreichend solides Fundament seelischer und psychosomatischer Gesundheit, das auch unter anderen als exzellenten Entwicklungsbedingungen gelegt werden und dann mehr oder weniger lange ruhen kann, bis ggf. mit Verzögerung der eigentliche Bau in Angriff genommen wird.

Dieses Bild will ausdrücken, daß das spätere Leben die Chance einer Wiedergutmachung früherer Versagungen bereithält, freilich nur, sofern damals wenigstens das Fundament gelegt wurde. Und genau das ist der kritische Punkt der Diskussion: Wieviel Fundament muß bis zu welchem Alter gelegt sein, und ab wann ist welche Schädigung nicht mehr kompensierbar, sondern irreparabel? Daß die hier angesprochenen Sachverhalte einfach seien, hat nicht einmal die frühe Analyse geglaubt. So postuliert die Hauptthese des ersten Kapitels keinesfalls eine Entwicklungskontinuität: Ein benachteiligter oder sogar schlechter Start der persönlichen Entwicklung geht nicht kontinuierlich über in einen krankheitswertigen Zustand der Person im Erwachsenenalter.

Allerdings sind die Forschungsbefunde auf diesem Feld nicht gerade üppig. *Vaillant* (1980) kleidet das in ein Zitat von *L. Murphy* (1962), wonach jeder Untersuchung zur Frage, wie Lebensprobleme aus eigener Kraft mit angemessenen Mitteln praktisch bewältigt werden können, eine Vielzahl von Arbeiten über Fehlanpassung gegenübersteht. Zu den Ausnahmen gehört die Grant Study of Adult Development, deren Probanden allerdings psychisch und medizinisch gesunde und erfolgreiche Collegeabsolventen waren. Die Interpretation jener Befunde bringt den Werdegang eines Menschen entscheidend mit seinen Anpassungsstrategien in Zusammenhang. Unter Anpassungsstrategien faßt *Vaillant* intrapsychische Abwehr und äußere Anpassungsmechanismen zusammen. Die Risiken für die psychische Gesundheit waren kaum durch die Art und die Struktur negativer Kindheitsfaktoren vorherzusagen, wohl aber durch die bloße Anzahl solcher Faktoren. Insbesondere traten Berufserfolg und subjektiv befriedigende Ehen innerhalb der Grant-Studie relativ unabhängig von einer unglücklichen Kindheit auf. Beides erscheint oft als ein Mittel zur Kompensation relativ zuwendungsarmer Kindheit (dieselbe Position vertritt auch *Schepank,* 1974). Jedoch: „Die größte ungelöste Frage der Grant-Studie ist die nach den Faktoren, von denen es abhängt, ob ein Mensch einen reifen Abwehrstil entwickelt" (*Vaillant,* 1980, S. 383 f.).

Schon 1974 berichtete *Vaillant* aus der Untersuchung gesunder, erfolgreicher Collegeabsolventen, daß psychische Gesundheit nur in schwacher Beziehung zur Qualität der Kindheit steht und praktisch keine Korrelation zu einer schwierigen Geburt, Eßproblemen, verfrühter oder verspäteter Reinlichkeitserziehung, Verlust eines Elternteiles oder zu einer unterdurchschnittlichen Mutter-Kind-Beziehung aufweist. Eher schien ein lang andauernder „Streß" infolge global schwieriger Kindheitsbedingungen zu späterer seelischer Krankheit zu führen. Schon *Neugarten* (1964) warnte vor der Annahme, die Persönlichkeit sei schon sehr früh endgültig ausgeformt. Statt dessen sah er Anzeichen für systematische Veränderungen auch bei Erwachsenen. Für seelische Gesundheit im Erwachsenenalter, wobei sie sich auf 30jährige beziehen, fanden *Livson* und *Peskin* (1967) die Persönlichkeitsmerkmale ihrer Probanden im Alter von 11 bis 13 Jahren besonders vorhersagekräftig. Dies erklären die Autoren mit den einschneidenden äußeren Veränderungen in einem Lebensalter, in dem das US-amerikanische Kind die Familie verläßt und in die ganztägige High-School eintritt. Dort erwartet den jungen Menschen ein „Mikrokosmos des Erwachsenenlebens", der die Erfordernisse einer aktiven und effektiven Anpassung im späteren Leben vorwegnimmt. Ebenso entdeckten zahlreiche andere Autoren schon vor geraumer Zeit, wie mager die Vorhersage von einem oder zwei negativen Faktoren der frühen Kindheitsentwicklung auf den Status des Erwachsenenalters ausfällt, sofern nur die Totalität der Lebensumstände dem Kind ungeachtet jener Negativfaktoren angemessene Sicherheit und Zuneigung vermitteln konnte.

MacFarlane (1964) glaubt, generell nur eine bescheidene Interkorrelation von Persönlichkeitseigenschaften über längere Zeitspannen hin feststellen zu können. Hohe Zusammenhänge seien vor allen Dingen für physische und intellektuelle Merkmale gegeben. Im Erwachsenenalter zeigen auch ihre Probanden vielfach die Einflüsse kompensatorischer Entwicklungen. Sie hatten frühere psychosoziale Benachteiligungen überwunden und schlugen unter veränderten Lebenssituationen eine qualitativ neuartige Entwicklungsrichtung ein. Viele der reifen, integrierten, kompetenten und kreativen Erwachsenen in *MacFarlanes* Stichprobe entstammten der Gruppe, die aufgrund schwieriger Kindheitsbedingungen und entsprechender Reaktionen während ihrer Kindheit und Jugend als problematisch beurteilt worden waren. Möglicherweise bieten gerade Ereignisse, die prima vista als destabilisierend und entwicklungshemmend imponieren, auch enorme Chancen der Reifungsförderung. So betont *MacFarlane* ebenfalls das hohe Gewicht der frühen Erfahrungen mit den Primärpersonen, um andererseits die dramatischen Veränderungsmöglichkeiten lang etablierter Verhaltensweisen im Verlauf des späteren Lebens hervorzuheben. In einem Bericht (1963) zu ihrer Guidance-Studie erwies sich ein Großteil der Prognosen von Experten mit unterschiedlichem theoretischem Hintergrund zur psychosozialen Entwicklung der Probanden im Längsschnitt als falsch. Fast 50% der Teilnehmer der Untersuchung gediehen besser als angenommen und ca. 20% schlechter. Etwa 10% entwickelten sich sogar weitaus besser und führten ein überraschend überdurchschnittliches Leben. Man habe, so die Autorin, belastende und pathogene Einflüsse überbewertet und reifungsfördernde Faktoren vernachlässigt. Dies rühre u.a. daher, daß die meisten Persönlichkeitstheorien auf Erfahrungen mit pathologischen Menschengruppen beruhen. Im Verlauf der Un-

30

tersuchung habe man dann beobachtet, daß Ereignisse, welche die Experten als in hohem Maße traumatisierend angesehen hatten, von den „erfolgreichen Probanden" im Rückblick eher als reifungsfördernd beurteilt werden.

Weitere Belege für den kompensatorischen wie aber auch den schädlichen Einfluß der Lebensumstände im Erwachsenenalter hat die Life-event-Forschung zutage gebracht, etwa *Myers, Lindenthal* und *Pepper* (1974). Freilich, so auch diese Autoren, bleibt ungeachtet des nachgewiesenen Einflusses aktueller Ereignisse auf die seelische Befindlichkeit die Frage, ob die als unabhängiger Faktor erachteten Lebensereignisse nicht auch das Ergebnis der Persönlichkeit eines Probanden sein können, also eher Folge denn Ursache seelischer Störungen sind. *Dohrenwend* und *Dohrenwend* (1972) griffen den Terminus „transition-state" von *Tyhurst* (1957) auf, wonach psychosoziale Symptome nicht unbedingt Anzeichen seelischer Erkrankung sein müssen, sondern eher eine Übergangssituation (Heirat, Geburt des ersten Kindes, Beförderung, körperliche Erkrankung) mit der begleitenden Chance des seelischen Wachstums anzeigen. Die Autoren fanden indessen einen deutlichen Schichteinfluß, wonach nur in den unteren Klassen Trennungserlebnisse auch ein unglückliches Erwachsenenleben vorhersagen.

In ähnlichem Sinne meint *Garmezy* (1974), der Anteil der Risikokinder, die sich entgegen negativen Vorhersagen positiv entwickeln, sei größer als der Anteil, der diesen Vorhersagen entspreche. Er verweist auf den beträchtlichen Vorhersagefehler eines jeden ätiologischen Modells und fordert, neben der Dimension einer ätiologischen Risikobehaftung noch die der psychosozialen Kompetenz zu beachten. Sie, freilich, wird rein kognitionspsychologisch definiert und ihre Entstehung und Entwicklung leider nicht weiter belegt. – Ähnlich argumentierten auch die Vertreter einer „Elastizitätshypothese" der kognitiven Entwicklung (*Kagan*, 1975, 1983; wie auch *Kagan* und *Klein*, 1973). Jene entwicklungspsychologischen Forscher treten hauptsächlich der These von den irreversiblen frühkindlichen Einflüssen entgegen, sie erforschen jedoch in erster Linie die Entwicklung kognitiver Faktoren unter dem Einfluß psychosozialer Entwicklungsbedingungen während der frühesten Kindheit bis in die Altersgruppe der Zwölfjährigen hinein. Tatsächlich wird somit nur ein enger Aspekt der psychosozialen Entwicklung beleuchet, und auch der nur bis zum Eintritt in die Pubertät. Von irgendwelchen Konsequenzen für die *psychische* Entwicklung des Erwachsenen (wie *Hemminger,* 1982, propagiert) kann nicht die Rede sein.

Schließlich betonen *Rutter* und *Quinton* (1981), daß selbst in Familien mit größtem psychiatrischen Risiko viele oder sogar die meisten der Kinder *nicht* erkranken. Man habe bislang zu wenig auf Informationen über mögliche stabilisierende oder schützende Faktoren geachtet. Am ehesten scheint ein solcher Schutz mit dem Aufbau stabiler Beziehungen zu anderen Personen und der Errichtung des Selbstwertgefühls (self-esteem) zusammenzuhängen. Auch unter ungünstigen Entwicklungsbedingungen bleiben nämlich viele Kinder völlig frei von *groben* Schädigungen. *Rutter* und *Quinton* versuchen, in einer noch laufenden Längsschnittstudie protektive Faktoren zu identifizieren, welche diese Kinder seelisch kranker Eltern vor eigener psychiatrischer Erkrankung zu schützen scheinen.

Das Krankheitsrisiko des Kindes steht, wie schon lange bekannt, sicherlich unter dem Einfluß der Intensität von Familienzwistigkeiten. Indessen zeichnet sich gerade dort ein schützender Einfluß ab, der von stabilen Beziehungen zu anderen Personen ausgeht und der den Aufbau eines stabilen Selbstwertgefühls erlaubt. Hier liegt auch der Zusammenhang mit dem traumatisierenden Einfluß der Kindheit in Heimen. Deshalb kann eine spätere Adoption das Fehlen der frühkindlichen Beziehung nicht völlig ausgleichen (*Dixon,* 1977). *Tizard* und *Hodges* (1978) erwähnen Kinder, die von Geburt an in Heimen aufgezogen und ohne Gelegenheit einer länger andauernden Beziehung zu einem Erwachsenen geblieben waren. Sie hatten es auch späterhin entschieden schwerer, tiefere Bindungen einzugehen. Mit größerer Wahrscheinlichkeit kam es bei ihnen zu sozialen Schulstörungen. Auch bei einer relativ späten Adoption blieb diese Auffälligkeit trotz guter Anpassung an die neue Familie in der Schule bestehen. Hierin glichen die spät Adoptierten den Kindern, die weiterhin im Heim blieben.

Die letzten Passagen sollten mit einigen Voten in die Problematik des vorliegenden Kapitels einstimmen und an die eigentlich triviale Erfahrung erinnern, nach der Entwicklungsbedingungen, die weder in toto als hervorragend noch als katastrophal einzuschätzen sind, den Gang der weiteren Entwicklung offenlassen und schon gar nicht Prognosen auf der Basis von Einzelaspekten erlauben. Ob selbst verursacht oder unabhängig von der jeweiligen Person eingetreten, später vermögen die vielfältigsten Lebensereignisse den Gang der weiteren Entwicklung und die Frage der psychischen Gesundheit im Erwachsenenalter zu beeinflussen.

Ungeachtet solcher, auch von der empirischen Forschung immer wieder bestätigten Alltagsweisheit bleibt dennoch ein Staunen. Es betrifft jene Gruppe, welche, um im obigen Bild zu bleiben, uns keinerlei Vorstellungen davon vermittelt, wie in der Entwicklung dieser Menschen je das besagte Fundament gelegt werden konnte, welches für lange Lebensperioden vielleicht verschüttet, dennoch unter günstigen Bedingungen eines Tages plötzlich die Grundlage des Aufbaus liefert. Gleichwohl gibt es diese Gruppe der „Elastischen", denen wir uns im weiteren speziell zuwenden möchten.

Überblick zur Problemgeschichte:
Seelische Stabilität trotz kindlicher Traumata

Wissenschaftlich ist das Problem spätestens seit der ersten Veröffentlichung der Guidance-Studie von *MacFarlane* aus dem Jahre 1939 bekannt. Die dortigen Erhebungen reichen bis in das Jahr 1928 zurück. Damals wurde die kindliche Entwicklung von zwei parallelisierten Gruppen miteinander verglichen, wovon die Familien der einen kinderpsychologische Beratung erhielten. Sofern nur dem Kind angemessene Sicherheit und Zuneigung vermittelt wurde, vermochten auch langfristige Einwirkungen negativer Aspekte aus der psychosozialen Umwelt ihre Entwicklung nicht nachhaltig zu schädigen. Erst für Kinder aus Familien mit einer Vielzahl von ungünstigen Bedingungen wuchs die Wahrscheinlichkeit, emotionale und Verhaltensstörungen zu entwickeln (*MacFarlane,* 1963, 1964).

Anthony (1974a, b) stellt zwei mögliche Bedeutungen des Begriffs der „seelischen Unverwundbarkeit" einander gegenüber:
a) Einerseits kann die Mutter das Kind vor üblichen Risiken übermäßig behüten und derart die Entwicklung seiner seelischen Widerstandskraft nie ernstlich stimulieren und auch nicht unter Beweis stellen. Dieses Schicksal betrifft zumeist Einzelkinder und darunter überwiegend Jungen.
b) Oder die „seelische Unverwundbarkeit" resultiert aus der Konfrontation mit Risiken, denen sich das Kind gewachsen zeigt, um durch ihre Bewältigung an Selbstvertrauen und Kompetenz zu gewinnen. Derlei trifft oft für älteste Geschwister zu, die elterliche Aufgaben mit übernehmen. Das Selbstvertrauen des Kindes scheint in direktem Bezug zu dem Vertrauen zu stehen, das die Eltern ihm entgegenbringen.

Demnach wäre „seelische Unverletzlichkeit" die Fähigkeit zu aktiver Problembewältigung und stünde im Gegensatz zu passiv-defensiven Dispositionen des Erlebens und Verhaltens. Sie ist auch nicht zu trennen von der Interaktion mit der Umgebung, insofern psychische Unverletzlichkeit immer im Verhältnis zu den individuell besonderen Lebensbedingungen zu sehen ist. *Anthony* (1974) entwickelte darüber hinaus den Begriff der psychosozialen Kompetenz und beschränkte ihn auf die Fähigkeit, externe Ereignisse intern zu repräsentieren, woraufhin erst eine sinnvolle Aktionsplanung möglich wird. Bewältigung (mastery) ist als intrapsychisches Vermögen zu verstehen, sich mit den Einwirkungen der Umwelt zu messen und sich durchzusetzen. Letztlich meint das „Unverletzlichkeitssyndrom" für *Anthony* die Kombination von hohem Risiko mit niedriger Verletzlichkeit. Die Eltern solcher unverwundbarer Kinder sind zumeist nicht weniger beschützend, sondern weniger ängstlich als durchschnittliche Eltern und überlassen die Initiative eher dem Kind: „Confidence and competence go hand in hand" (S. 541). Die Erwachsenen schätzen realistisch ein, was das Kind alleine zu leisten vermag, ohne deshalb schon ihre elterliche Verantwortung aufzugeben. Das psychologisch unverwundbare Kind benötigt Wärme, befriedigende enge Beziehungen und gleichzeitig die Erfahrung, daß das Leben schwierig, aber nicht zu schwierig ist. – Kindheitsbedingungen, welche nach aller Erfahrung in einem globalen Sinn als schlecht einzustufen sind, werden die betroffenen Kinder immer und sehr früh den Stürmen des Lebens aussetzen. Davon unabhängig ist die Verfügbarkeit einer warmen und befriedigenden Beziehung zu einem Erwachsenen eine ganz andere Frage.

Auf welch schwankendem Boden unsere Prognose zum Persönlichkeitsbild eines Erwachsenen steht, wenn wir nur von psychosozialen Fakten der Kindheit ausgehen können, belegte 1959 eine „klassische" Untersuchung von *Escalona* und *Heider*. Leider wurden dort die fehlprognostizierten Probanden nicht weiter analysiert, also auch nicht diejenigen, die sich wider Erwarten gut entwickelten. Ebenfalls ohne weitere Aufschlüsselung betont aber *L. Murphy* (1962), ein wesentlicher Grund für das Scheitern der Entwicklungsprognostik liege in der Unmöglichkeit, die positive Entwicklung eines Kindes trotz früher Traumatisierung zu antizipieren. Die Autorin hebt die Paradoxie hervor, daß eine leistungsorientierte Nation wie die amerikanische eine Unzahl von „Problemliteratur" hervorzubringen verstand, aber nur ganz wenige systematische Untersuchungen dazu, wie diese Probleme bewältigt werden. Dies hat nach den Kriterien empirischer Forschung lediglich *MacFarlane* versucht, etwa wenn sie (s. o.) die Reifungschancen betont, welche auch in destabilisierenden und wachstumshemmenden Ereignissen liegen (1964). Persönlichkeitstheorien dürfen sich, so *MacFarlane*, eben nicht ausschließlich auf pathologische Stichproben stützen. Zwangsläufig übersehe der Forscher dann die reifungsfördernde Wirkung von schmerzhaften und belastenden Erlebnissen.

Hieran schließt sich *Murphy* mit Überlegungen zu den Themen Coping, Adaptation und Kompetenz an. Aber auch diese Autorin läßt offen, wie denn derlei trotz sehr nachteiliger Lebensbedingungen eines Kindes zustande kommt. *Bowlby* et al. (1956) berichten in „The Effects of Mother-Child-Separation" eine beachtliche Breite der Variation für die Auswirkung traumatisierender Trennungen. Spekulativ nehmen die Autoren hierfür frühere Lebensbedingungen an, etwa die Erfahrungen des Kindes mit der Mutter vor *und* nach der Trennung. – *Appley* und *Trumbull* (1967) sprechen von individuellen Verschiedenheiten der Situationen, die einen bestimmten Menschen „unter Streß" bringen können. Um einzuschätzen, welche spezifischen Umgebungsfaktoren für eine bestimmte Person streßinduzierend seien, müßte die Motivationsstruktur und die Biographie der jeweiligen Person bekannt sein. 1972 forderte *Garmezy* für die zukünftige Risikoforschung auf dem Gebiet der seelischen Erkrankung, sie möge sich mehr den „unverwundbaren" Kindern als den Bedingungen des Scheiterns und des Erkrankens zuwenden. Diesbezüglich rückt *Garmezy* Konzepte der Kompetenz und Inkompetenz in den Vordergrund und meint damit psychosoziale Leistungen, wie etwa Lehrer sie beurteilen können. Die Voraussetzung solcher Forschung ist natürlich die Zeitstabilität von Kompetenz und Anpassungsfähigkeit als Persönlichkeitseigenschaften.

Weiter oben wurden schon die Untersuchungen von *Roff* (1974) in den Vereinigten Staaten anhand von Dokumentationen von Erziehungsberatungsstellen sowie von militärischen Personalunterlagen zitiert, die nach Prädikatoren für neurotische Erkrankungen und antisoziales Verhalten („bad conduct") wie auch für gute psychosoziale Anpassung im frühen Erwachsenenalter suchen. Das Kriterium war die Fähigkeit der Probanden, sich den Erfordernissen des US-amerikanischen Militärdienstes unterzuordnen. Damals herrschte allgemeine Dienstpflicht. Die sozioökonomische

Herkunft trennte nicht zwischen gesunden und neurotischen jungen Männern. Hingegen stammten die antisozialen Probanden vorwiegend aus niedrigen ökonomischen Verhältnissen. Ein höheres Alter der Väter ging eher mit neurotischen Syndromen einher, das Alter der Mütter spielte keine Rolle. Objektive Familiendaten, etwa die Abwesenheit der Mutter oder des Vaters, erlaubten keine Differenzierung zwischen gesunden und neurotischen Probanden. Solche objektiven Daten trennen aber zumindest teilweise zwischen den oben genannten Gruppen auf der einen und der antisozialen Gruppe auf der anderen Seite. Insbesondere führten die Mütter der antisozialen Gruppe zu 42% eine frühe Trennung herbei, entweder indem sie die Familie verließen oder die Kinder ins Heim brachten. Das war in den anderen beiden Gruppen praktisch nicht zu beobachten. Aus der abermaligen Durchsicht der Unterlagen seiner Beratungsstellen zog *Roff* nach Abschluß der Untersuchung Hinweise dafür, daß die Einschätzung der Eltern-Kind-Beziehung *aus der Sicht des Kindes* möglicherweise eine viel bessere Vorhersage der späteren Entwicklung erlauben könnte als dies aufgrund der Berichte der Mütter möglich ist. Die allgemeine These aber, die schon *Rhoades* (1907) formulierte und nach der delinquente Jugendliche überdurchschnittlich häufig aus „brokenhome"-Bedingungen stammen, wurde zwar häufig repliziert, läßt freilich, so *Roff,* außer acht, daß doch der weitaus größere Teil jener Kinder nicht kriminell würde. Darauf geht auch eine Arbeit von *Wedge* und *Prosser* (1973) in Großbritannien ein, wo eines von sechs Kindern in Bedingungen extremer sozialer Benachteiligung (Armut, schlechte Wohnverhältnisse, schlechte familiäre Beziehungen) lebt. Dennoch ist ungefähr die Hälfte der Kinder *in sozialer Hinsicht* recht gut angepaßt. Auch nach *West* und *Farrington* (1973, 1977) entwickelt über ein Viertel der Kinder aus schlechten Entwicklungsbedingungen (Kriminalität der Eltern, schlechte Erziehung, Armut, niedrige Intelligenz, große Familien) keine Delinquenz oder antisoziale Verhaltensweisen in der Langzeitbeobachtung. – Leider bleiben die zitierten Untersuchungen einseitig, insofern nur ein Sektor psychogener Störungen (neurotische, charakterologische, psychosomatische oder das Sozialverhalten) herausgegriffen wird und die Tatsache unbeachtet bleibt, daß diese Sektoren nach bislang noch recht spekulativen Gesetzmäßigkeiten auch einander ersetzen oder ablösen können. Folglich führen alle Untersuchungen grob in die Irre, die etwa nur störendes Sozialverhalten als Nachwirkung eines harten und vernachlässigenden Erziehungsstils untersuchen und ggf. folgern, derlei Spätfolgen seien nicht zu verifizieren, und deshalb sei der erwähnte Erziehungsstil langfristig ohne Belang.

1974 faßte *Rutter* seine eigenen Forschungen zu der unterschiedlichen psychosozialen Verletzlichkeit kindlicher Entwicklungsvorgänge zusammen. Danach läßt die reine Kenntnis von Risikofaktoren die inneren Zusammenhänge jener Vorhersagefaktoren mit dem Kriterium des späteren Entwicklungserfolges offen. Mit einiger Sicherheit sind erhebliche Verhaltensstörungen dann zu erwarten, wenn längere frühkindliche Trennungserfahrungen mit schweren ehelichen Problemen der Eltern einhergehen. Letztere reichen auch ohne Trennungserfahrungen dazu aus, weniger schwerwiegende „conduct disorders" (Verhaltensprobleme!) zu prognostizieren. Eine wesentliche Familienvariable sieht *Rutter* in der Existenz einer guten Beziehung des Kindes zu wenigstens einem Elternteil. Diese gute Beziehung eliminiere nicht die übrigen schädigenden Einflüsse, vermindere aber deren Auswirkung.

Aus der Minnesota-High-Risk-Forschungsgruppe äußerte sich *Garmezy* (1981) zum wachsenden Interesse an den „unverletzlichen" (streßresistenten) Kindern. Der Autor verweist auf die Kriegswirren, die vorwiegend dann zu Entwicklungsstörungen und Fehlanpassungen der Kinder führen, wenn diese in keinen guten und tragenden Beziehungen zu ihren Eltern leben. Gleiches stimmt auch für Kinder in Konzentrationslagern (*Langmeier* und *Matejcek,* 1977). Mit seinem Konzept der „protektiven Faktoren" geht *Garmezy* (1983) im Anschluß an *Rutter* (1979) den Merkmalen von Personen, Umgebungen, Situationen und Ereignissen nach, welche die Erwartung einer nachteiligen pathologischen Entwicklung eines Menschen eher mindern. Protektive Faktoren führen nach *Garmezy* zu unerwarteter Anpassung und Kompetenz, indem sie eine „impfende" (inoculative) Rolle für die seelische Gesundheit eines Kindes spielen. Hierzu aber fehle es an systematischen Untersuchungen. Als „Pioneer-Studies" faßt *Garmezy* die Arbeiten von *Rutter* und Mitarbeitern zusammen, in welchen sich eine Triade protektiver Einflüsse herausgeschält hatte:
1. eine nicht näher beschriebene konstitutionelle positive Persönlichkeitsdisposition,
2. das unterstützende Familienmilieu und
3. außerfamiliäre soziale Unterstützungen.

Des weiteren führt *Garmezy* eine eigene Literaturübersicht (1981) und eine von *Nuechterlein* (1970) an. Darin spielt die Vollständigkeit der Familie keine wesentliche Rolle für späteren akademischen Erfolg, wohl aber der Umgang der Mutter mit der Abwesenheit des Vaters. Bei den „underachievers" (hinter den Erwartungen Zurückgebliebenen) etwa übernahm die alleinerziehende Mutter eher die Rolle einer allzu gleichgültigen Schwester, die das Kind weitgehend gewähren ließ. Bei später beruflich erfolgreichen Menschen indessen waren auch bei unvollständiger Familie die Verhaltensvorschriften klar strukturiert. Einerseits wurde den Kindern Selbstbestimmung zugebilligt, andererseits aber an ihren Aktivitäten und Interessen Anteil genommen. Damit ging eine positivere Einstellung auf seiten des damaligen Kindes gegenüber Erwachsenen und Autoritäten einher: Kinder, die trotz ungünstiger Entwicklungsbedingungen leistungsfähige Erwachsene geworden waren, hatten sich mit bedeutsamen Vorbildern identifiziert (*Garmezy*, 1981). – Schließlich erwähnt *Garmezy* Längsschnittuntersuchungen von *Werner* und *Smith* (1982) auf Hawaii und eine ich-psychologische Untersuchung und Längsschnittstudie von *Block* und *Block* (1980). Ferner verweist er auf Studien an Kindern unter Kriegsbedingungen bis hin zu neueren Untersuchungen in Israel, welche als einen wesentlichen Faktor für die Reaktion eines Kindes unter schwerer seelischer Belastung das Verhalten der erwachsenen Bezugsperson herausschälten: Um schwere Belastungen meistern zu können, war für das Kind das in es gesetzte Vertrauen seiner Bezugsperson entscheidend, um sich inmitten des Chaos zurechtzufinden. Nahezu Identisches berichtet *Fraser* (1974) über die Kinder im nordirischen Bürgerkrieg.

Diese Auflistung von *Garmezy* verdeutlicht einen Forschungstrend, der, beginnend mit *MacFarlane, Escalona* und *Heider* sowie *Murphy*, von klinischen bzw. Einzelfalluntersuchungen ausging und heute in systematische und methodenbewußte Untersuchungen einmündet, für die beispielgebend *Werner* und *Smith* (1982) hervorgehoben seien. Was aber, so am Ende des historischen Abrisses die Frage, macht nun die Unverwundbarkeit jener seelisch gesunden Menschen aus, die schwerste und ausgesprochen nachteilige Entwicklungsbedingungen durchlaufen haben? Sie haben nach *Rutter* (1983) etwas erworben, was ihren Leidensgenossen fehlt, nämlich das Bewußtsein, daß es auf sie selbst, ihre eigene Entscheidung und ihr eigenes Verhalten ankommt, wie sich ihr Schicksal weiterentwickeln wird. Schon früh liegt der „locus of control" in ihnen selbst und wird nicht länger einer unberechenbaren Umwelt zugeschrieben. *Dührssen* (1978) zitiert in diesem Sinne den jüdischen Dichter *Schalom Asch:* Wer soll mir denn helfen, wenn nicht ich mir selbst, und wenn nicht gleich, wann dann?

Protektive Faktoren: Zur Problematik des Begriffs

Notwendigerweise kreist die Literatur zu unserem Thema um zwei Begriffe, um den des Risikokindes und um jenen der protektiven (schützenden) Faktoren. Was denn prinzipiell ein Risikokind charakterisieren soll, darüber herrscht zumeist unausgesprochene Einheit: Das Risiko eines Kindes, im Erwachsenenalter an seelischer Erkrankung oder Behinderung zu leiden, muß um so höher eingeschätzt werden, je mehr auf dieses Kind Faktoren zutreffen, die wir intuitiv, nach allgemeiner Lebenserfahrung bzw. aufgrund wissenschaftlicher Untersuchungen als gefährdend ansehen. Neben der numerischen Anzahl der Faktoren bestimmt vermutlich auch die Intensität ihrer Einwirkung auf das Kind dessen späteres Erkrankungsrisiko. – Wenn hingegen von protektiven Faktoren die Rede ist, so liest sich dies noch von Autor zu Autor verschieden. Meist wird die Diskrepanz nicht eigens diskutiert. Es soll daher versucht werden, einen Überblick über die verschiedenen, inhaltlich einander überlappenden Verwendungsweisen des Begriffs zu schaffen.

Protektive Aspekte der kindlichen Entwicklung als Abwesenheit von Risikofaktoren

Autoren, die sich in diese Linie der Argumentation stellen, beschreiben zunächst Lebensumstände, die für die Zukunft eine nachteilige Entwicklung erwarten lassen und schließen daran die Forderung nach Prävention an.

So wirkt sich nach *Rutter* (1979) eine Vielzahl chronischer Stressoren negativ auf die Entwicklung aus: Junge Erwachsene mit ernsthaften psychosozialen Problemen hätten überzufällig häufig unter dem Eindruck schwerer Gesundheitsstörungen der Mütter gestanden, unter dem von familiären chronischen Zwistigkeiten, finanziellen Problemen, andauernder Trennung von der Mutter und zeitweiliger Trennung vom Vater. Schon 1974 wies *Rutter* u.a. darauf hin, daß es auf die Häufung der Gefahrenfaktoren ankäme. Erst eine solche Häufung stelle die junge Person in ihrer Entwicklung unter den Einfluß von chronischem Streß. Ein nachteiliger Einfluß solcher früher Lebensumstände sei nicht nachweisbar, wenn sie nur isoliert (ob vorübergehend oder längerfristig) auftreten. Im gleichen Sinne teilen *Brown* und *Harris* (1978) mit, daß nur bei Vorliegen weiterer kritischer Lebensumstände der Tod der Mutter vor dem elften Lebensjahr des Kindes für depressive Erkrankungen bei Frauen entscheidend sei.

Aus der Psychoseforschung, wo das genetische Risiko ungleich höher liegt als bei den hier behandelten psychogenen Erkrankungen, legten *Mednick* und *Schulsinger* (1968) erste Berichte ihrer prospektiven Untersuchung an 207 Risikokindern schizophren erkrankter Mütter vor, die 20 Jahre lang beobachtet wurden und die einer Kontrollgruppe von 104 Kindern nicht psychotischer Eltern gegenüberstanden. Innerhalb der ersten sechs Beobachtungsjahre wurden jene Kinder der Risikogruppe durch psychose-nahe Störungen im kognitiven Bereich auffällig, die von ihren Müttern früher und auf Dauer verlassen wurden. Offen bleibt dabei, inwieweit dieser Befund zu Lasten der frühen Trennungserfahrung geht oder von der Tatsache herrührt, daß Trennungs-Halbwaisen durchschnittlich in einer früheren Lebenszeit mit einer manifest psychotischen Mutter konfrontiert waren. – Auch *Rutter* hatte schon 1966 gezeigt, daß Kinder meist psychotisch erkrankter Eltern ein um so höheres eigenes Erkrankungsrisiko haben, je früher sie von den Eltern verlassen wurden. So berichten *Mednick* und *Schulsinger* (1968) von einem signifikant hohen Anteil unter ihren erkrankten Risikokindern (wobei, wie erwähnt, das Risiko in der schizophrenen Erkrankung der Mutter bestand), der schon früh in Kinderheime verbracht oder vom Vater großgezogen werden mußte.

Daß chronische Eheprobleme der Eltern mit einer gedeihlichen Entwicklung der Kinder nicht vereinbar sind, fand bereits die Berkely-Guidance-Studie (*MacFarlane,* 1939), wenngleich ein gewisses Maß an „problematischem Verhalten" als Versuch der Anpassung interpretiert und von den Forschern toleriert wurde. Mithin sind eine oder zwei psychologisch ungünstige Bedingungen, so *MacFarlane,* im elterlichen Haus mit einer gesunden kindlichen Entwicklung durchaus vereinbar, wenn die Eltern dem Kind nur angemessene Sicherheit und Zuneigung vermitteln. Später (1977) betonen dann *Langmeier* und *Matejcek,* daß nur selten ein einzelner Faktor für eine nachteilige Entwicklung ausschlaggebend sei. Es komme auf die Summe der wichtigen Bedürfnisse an, die dem schließlich geschädigten Kind nicht erfüllt worden seien. Als ein Entwicklungsprinzip der Streßverarbeitung formuliert *Maccoby* (1983), daß jüngere Kinder dann mit einem unerwarteten belastenden Ereignis umzugehen verstünden, wenn gleichzeitig Veränderungen in anderen Bereichen der Umgebung gering seien. Auch *Elizur* und *Kaffmann* (1983) sehen das protektive Moment darin, daß nicht mehrere Einzelfaktoren sich zu schädlichen Kombinationen konstellieren. Wenn Kinder in chronischer Armut aufwachsen, dann unterscheidet die Anzahl belastender Lebensereignisse solche, die vor den Anforderungen der Adoleszenz scheitern, von denen, die damit gut zurechtkommen (*Vaillant,* 1980). Je größer die Benachteiligung eines Kindes hinsichtlich der psychosozialen Lebensbedingungen während der frühen Entwicklungsjahre, desto weniger zusätzliche Belastungen sind noch tolerierbar. Als einen dieser nachteiligen Faktoren erwähnt *Rutter* (1979) die Tatsache, nicht etwa als Einzelkind aufzuwachsen, sondern als Erstgeborener von vielen nachfolgenden Geschwistern.

Protektive Entwicklungsfaktoren als physiologische und psychische Eigenschaften des Kindes

Nach obiger Auswahl von Voten, welche das sichere Gelingen einer seelischen Entwicklung eher von der Abwesenheit entwicklungsgefährdender Lebensumstände abhängig machen, wenden wir uns im folgenden der positiven Bestimmung protektiver Entwicklungsaspekte zu und beginnen mit überdauernden Variablen des Organismus und der Persönlichkeit.

Thomas, Chess und *Birch* (1968) nennen hier Stetigkeit, Elastizität und eine gute Grundstimmung als protektive Persönlichkeitsfaktoren. Vier Jahre nach der Erstuntersuchung waren jene Kinder psychiatrisch gefährdet, denen es an diesen Eigenschaften mangelte. 1974 hatte *Rutter* auf Veranlagungs- und Temperamentsfaktoren hingewiesen: So seien etwa Kinder mit regelmäßigem Schlaf- und Eßverhalten und solche mit flexiblen Verhaltensstilen (Geschmeidigkeit des Verhaltens) gegenüber der Belastung durch psychische Erkrankungen eines Elternteils weitgehend immun. Freilich muß hier die Frage erlaubt sein, ob derlei Feststellungen irgendetwas klären, oder ob sie nicht versuchsweise einen traditionell als erklärungsbedürftig erachteten Aspekt auch einmal in die Position des erklärenden bringen. In kinderpsychiatrischer Hinsicht nennt *Rutter* schon 1970 das Geschlecht als eindeutig protektive Variable. Jungen waren z. B. anfälliger für die schädlichen Einflüsse von Ehestreitigkeiten als Mädchen, die mit sich verschärfendem Streit der Eltern keine höhere Tendenz zu antisozialem

Verhalten entwickeln. Ob jene Mädchen vielleicht eine stillere, weniger störende, nach innen gerichtete seelische Symptomatik entwickeln, bleibt eine offene Frage an *Rutter*. Dieser Geschlechtsfaktor wird auch später von ihm immer wieder explizit als protektiv hervorgehoben (*Rutter,* 1974, 1979; *Rutter* und *Quinton,* 1981), wobei die Vorsicht der Autoren es den weiteren Befunden ihrer Längsschnittstudie zu zeigen überläßt, ob Jungen generell leichter verwundbar sind als Mädchen, oder ob sich bei diesen die schädigenden Einflüsse lediglich in einem späteren Lebensalter manifestieren.

Die Bedeutung der Geschlechtsvariablen wird auch von *Hetherington* (1980), *Wallerstein* und *Kelly* (1980) sowie von *Dunn* et al. (1981) bestätigt. Darüber hinaus scheint sich höhere kindliche Intelligenz, die *Rutter* (1979) damit als konstitutionell vorgegeben annimmt, als protektiver Faktor gegen chronische psychosoziale Stressoren zu erweisen. *Werner* und *Smith* (1982) betonen neben der Geschlechtsvariablen auch die protektive Wertigkeit einer optimalen perinatalen (der Zeitraum um die Geburt) Entwicklung, welche die Autoren als in hohem Maße genetisch determiniert erachten. Als Eigenschaft des Kindes bringen sie ferner einen konstitutionellen Faktor der Verwundbarkeit in Ansatz. *Fries* und *Wolf* (1971) rücken unter den angeborenen Faktoren das individuell charakteristische Moment der Aktivität in den Vordergrund. Günstig für die geistig-seelische Entwicklung sei ein mittlerer konstitutioneller Aktivierungsgrad, während sehr ruhige und sehr aktive Kinder für psychische Erkrankungen besonders anfällig seien. Das Konzept der persönlichkeitseigenen Aktivität steht in bezug zu jenem der „Kompetenz" bei *L. Murphy* (1962, 1970, 1974, 1976). Kompetenz entwickle sich auf der Grundlage einer Menge von Fertigkeiten, die ihrerseits aus den aktiven Anstrengungen eines Individuums im Verein mit seinen Abwehrmechanismen erwachsen (*Murphy,* 1974, S. 77). Anders als *Haan* (1977) grenzt *Murphy* den Begriff der zeitüberdauernden Kompetenz gegen jenen des Coping ab, den sie nur auf umschriebene Zeit- und Problemeinheiten angewendet wissen will.

Zu den protektiven Faktoren innerhalb des Individuums rechnen für die Schizophrenie-Forscher die Invarianzen des autonomen Nervensystems, deren Ausprägungsgrad für die Arbeitsgruppe um *Mednick* und *Schulsinger* (1968, 1974) durch die Latenzzeit der ektodermalen Hautreaktionen auf neutrale wie auf streßerzeugende Stimuli angezeigt werden. Diesbezügliche Unterschiede differenzieren zwischen den erkrankten und den nicht schizophrenen Kindern der Risiko- wie der Kontrollgruppe. Freilich bleibt mit *Wittling* (1980) zu diskutieren, ob eine minimale Latenz des psychogalvanischen Hautreflexes in der Tat als Risikoindikator anzusehen ist oder nicht bereits auf der psychophysiologischen Ebene ein Symptom der – in diesem Fall schizophrenen – Erkrankung darstellt.

Entwicklungsprotektive Faktoren im sozialen Umfeld der Kinder

Einen umfassenden Überblick zur Frage, welche protektiven Aspekte die Umwelt einem Kind zur Bewältigung widriger Lebensbedingungen zu bieten vermag, geben *Rutter* (1979) und *Werner* und *Smith* (1982).

Werner und *Smith* verfolgten die Entwicklung von 700 im Jahre 1955 geborenen Kindern auf der hawaiianischen Insel Kauai bis ins frühe Erwachsenenalter. Kinder mit andauernden Lern- und/oder Verhaltensproblemen waren häufig vorgeburtlichen Komplikationen ausgesetzt gewesen, hatten ein niedrigeres Geburtsgewicht und stammten häufiger aus ärmlichen Verhältnissen oder aus Familien, in denen die Eltern als psychiatrisch auffällig einzustufen waren. Vor einem solchen Hintergrund globaler Risikofaktoren (familiäre Belastung, prä- und perinatale Probleme sowie ungünstige ökonomische Basis) entwickeln gleichwohl einige Kinder und später Jugendliche eine auffallende „resilience" (Elastizität). Diese eigentliche Zielgruppe der Untersuchung bestand letztlich aus 42 Mädchen und 43 Jungen, die ungeachtet ihrer seelischen Widerstandsfähigkeit vier oder mehr Risikofaktoren im Alter von zwei Jahren aufzuweisen hatten. Sie stammten, wie die meisten Einwohner von Kauai, in der ersten oder zweiten Generation von armen europäischen oder asiatischen Emigranten ab, die sich mit den unterdrückten Eingeborenen vermischt hatten, und gehörten der ökonomisch schwachen und ungebildeten Unterschicht an. Die Väter und Mütter ohne Schulabschluß arbeiteten, un- oder bestenfalls angelernt, auf den Zucker- oder Ananasplantagen, als Hausangestellte oder im aufblühenden Tourismusgewerbe.

Hier klingt das Problem der transkulturellen Vergleichbarkeit aller aufgeführten Befunde an. Die meisten Studien – die Mitteilungen von *Werner* und *Smith* stellen insofern bereits eine gewisse Ausnahme dar – gingen aus dem soziokulturellen Kontext der Industriegesellschaft hervor. Auf diesen Rahmen bezieht sich zunächst auch ihr Geltungsanspruch. Die Frage der transkulturellen

Gültigkeit indessen findet nur selten Erwähnung und erst recht keine Antwort. Auch wir werden in dieser Hinsicht alles offenlassen müssen. Das Problem sollte aber wenigstens einmal genannt werden.

Die Literatur zum Thema entwicklungsprotektiver Faktoren der sozialen Umwelt des Kindes legt dem Leser, der nach einer Systematik sucht, am ehesten eine Zweiteilung nahe. Auf der einen Seite stehen Angaben, die von einer speziellen protektiven menschlichen Beziehung handeln und auf der anderen solche, die – man ist versucht zu sagen – „unspezifische" protektive Aspekte anführen und erörtern.

Spezielle protektive menschliche Beziehungen im frühen Entwicklungsalter

Das gute Verhältnis zu einem Elternteil vermindert den ansonsten so schädigenden Einfluß einer zerstrittenen elterlichen Beziehung, ohne freilich dieser Schädigung gänzlich vorbeugen zu können (*Rutter,* 1974). Solches „attachment" oder „bonding" sei besonders im Alter zwischen zwölf Monaten und vier Jahren entscheidend (*Rutter,* 1978). Sei eine gute Beziehung zu einem Elternteil gewährleistet, so können akute und isolierte chronische Stressoren nur überraschend geringe schädigende Wirkung entfalten. „Those children in the discordant homes who had a good relationship with one parent were much less likely to develop conduct disorders..." (S. 52). Seine Erkenntnisse zusammenfassend, nennt *Rutter* (1978) neben der Anpassungsfähigkeit einer Persönlichkeit auch im Hinblick auf ihr Temperament sowie auf die Möglichkeit positiver Veränderungen der Familienumstände in erster Linie eine gute Beziehung zu einem Elternteil sowie kompensatorische Erfahrungen außerhalb der Familie als die entscheidenden Grundsteine eines gelungenen Entwicklungsverlaufes unter widrigen frühkindlichen Lebensbedingungen. Ungeklärt bleibt indessen – zumindest für *Rutter* – die Bedeutung solcher stabiler Beziehungen für die Fähigkeit des Kindes, andere günstige Entwicklungsangebote nutzen zu können.

Immerhin: Verhaltensprobleme von Kindern mit einem psychiatrisch hospitalisierten Elternteil, deren Eltern zudem häufig Streit miteinander hatten, traten bei nur 25% jener Kinder auf, die über eine positive Beziehung zu einem der Eltern verfügten, im Gegensatz zu 75% bei jenen Kindern, denen ein so günstiger Umstand nicht vergönnt war (*Rutter,* 1979). Gleiches finden wir bei *Rutter* und *Quinton* (1981), *Kadushin* (1967) und *Langmeier* und *Matejcek* (1977). Ob eine enge und harmonische Beziehung zu Personen außerhalb der unmittelbaren Familie ähnlich protektiv wirke, kann jedoch *Rutter* (1979) an seinem Material nicht entscheiden. Der schützende Effekt beruhe jedenfalls auf der Qualität, Stärke und Sicherheit der Beziehung und weniger darauf, ob es sich um Vater oder Mutter handele. Eine warme und enge Beziehung kann in jedem Lebensalter protektiv wirken. Gleichwohl ist nicht zu bestreiten, daß spätere Adoptionen den Mangel an und/oder in früheren Beziehungen nicht kompensieren. So wird nachhaltig die Notwendigkeit einer frühen Beziehung (initial bonding) deutlich, sollen im späteren Leben psychosoziale Defizite verhindert werden: Um die erforderlichen „coping skills" im Sinne von *Murphy* (1962) auszubilden, bedarf es des „initial bonding". – Schließlich verweist *Rutter* (1979) auf die Relativität der Begriffe seelischer Unverwundbarkeit und Bewältigung widriger Lebensumstände: Sie behaupten erstens nicht, daß die ungünstigen Lebensbedingungen in den frühen Jahren ohne Folgen blieben. Zweitens geben sich die meisten Studien schon mit sozialer Unauffälligkeit als dem Kriterium für seelische Gesundheit zufrieden, ohne neurotische und psychosomatische Entwicklungen mit einzubeziehen, unter denen ja (scheinbar) „nur" der betroffene Mensch leidet.

In der Tradition von *Bowlby, Ainsworth* et. al. (1956) fanden auch früher schon *Pringle* und *Bossio* (1960) eine bemerkenswerte Stabilität bei solchen Heimkindern, die bis nach der Vollendung des ersten Lebensjahres bei ihrer leiblichen Mutter verbleiben konnten. Danach waren sie in der Lage, auch auf Ersatzpersonen jene guten und andauernden Beziehungen zu transferieren. Dies mißlang der Kontrollgruppe, der deutlich weniger als zwölf Monate der Pflege durch die leibliche Mutter vergönnt war. „Never having experienced lasting love and loyalty from any adult, the child becomes unable to develop these qualities in his human relationships" (S. 47). Fehlanpassungen und Elastizität gegenüber dem Trennungserlebnis scheinen von der Qualität der menschlichen Beziehungen bestimmt zu werden, die dem Kind während kritischer Perioden des Wachstums zur Verfügung stehen. – Im Anschluß an diese Erhebung untersuchten *Pringle* und *Clifford* (1962) eine andere Stichprobe von 66 Heimkindern, die sie in drei Gruppen aufteilten. Hiervon war die eine nach dem Urteil des Personals stark fehlangepaßt, die andere sehr stabil, und die dritte Gruppe stand dazwischen. Zwischen der emotionalen Anpassung des Kindes einerseits und der Regelmäßigkeit und Häufigkeit seines Kontaktes zu einem Erwachsenen außerhalb des Heimes andererseits ließ sich eine signifikante Beziehung feststellen. Die 17 am schlechtesten und die 17 am besten angepaßten Kinder wurden im Hinblick auf mögliche Unterschiede eingehender untersucht. Es zeigte sich, daß die Kinder der schlecht angepaßten Gruppe häufiger in Heime eingewiesen worden waren, weil ihre Eltern sie verlassen oder ausgesetzt hatten. Für die Kinder der stabilen Gruppe ergaben sich andererseits keine Häufungen besonderer Einweisungsgründe. Die Autoren ziehen dies zur Unterstützung der These heran, wonach die Zurückweisung durch die Eltern einen wesentlichen pathogenen Faktor darstellt, weniger die Trennung an sich. So äußerte ein Großteil der stabilen Kinder den Wunsch, mit einem oder beiden Eltern oder einem Elternersatz zusammenzuleben, was nur ganz wenigen Kindern der schlecht angepaßten Gruppe erstrebenswert schien. „It may well be that if unconditional loyalty and affection from an adult outside the home is not experienced, a child can become eventually unable to develop these qualities in his human relationships. This deprives him of the opportunity to learn the very skills needed in making close relationship; instead he learns to mistrust affection when offered" (S. 120).

1979 legte *Elder* eine Analyse der psychologischen Auswirkungen der wirtschaftlichen Depression in den 30er Jahren für zwei Populationen (Geburtsjahrgänge 1920/21 und 1928/29) in den Vereinigten Staaten vor. Die ökonomische Deprivation führte zu sehr unterschiedlichen Auswirkungen auf die Entwicklung der Kinder, je nach Veränderungen innerhalb der Familien. Kam es dadurch zu einer Intensivierung des emotionalen Zusammenhaltes entweder in der Familie insgesamt oder zwischen dem Kind und einem Elternteil, so hatte das katastrophale volkswirtschaftliche Ereignis eher günstige Auswirkungen auf die seelische Entwicklung des Kindes, wenngleich sich die ökonomischen Gesamtbedingungen selbst für die Familie und damit auch für das Kind verschlechterten. Die Effekte waren weit weniger stark bei Kindern, die zu Beginn der wirtschaftlichen Depression schon etwa zehn Jahre alt waren. *Elder* schließt daher auf die Abhängigkeit psychischer Folgen streßreicher Ereignisse vom Alter des betroffenen Kindes, von seiner sozialen Rolle (Jungen waren anders betroffen als Mädchen) und von der Verfügbarkeit emotionaler Unterstützung. Auch *Garmezy* (1981) betont in diesem Zusammenhang die Notwendigkeit positiv erlebter Identifikationsfiguren. – Von den Kindern des Belfaster Bürgerkrieges berichtet *Fraser* (1974), wie entscheidend die Erfahrung emotionaler Sicherheit die Verarbeitung von Bedrohung und Chaos beeinflußt.

Ähnliches äußern *Mednick* und *Schulsinger* (1968, 1974) von ihren schizophren gewordenen Risikokindern: Diese mußten, wenn überhaupt, dann später als die erkrankte Risikogruppe von ihren schizophrenen Müttern aufgrund deren fortschreitender Schizophrenie getrennt werden. Dementsprechend hatte letztere Gruppe zu einem signifikanten Anteil von Geburt an bis zum Alter von zehn Jahren weder Mütter noch Ersatzmütter aufzuweisen (*Mednick*, 1973, 1974) und wurde in Kinderheimen oder von den Vätern großgezogen.

Nach *Werner* und *Smith* (1982) wirkt die Notwendigkeit, daß älteste Mädchen in der Familie schon sehr früh von ihren außerhalb arbeitenden Müttern Verantwortung für das Familienleben übertragen bekommen, dann reifungsfördernd, wenn andere Erwachsene, zumeist die Großmütter, stabilisierend und Sicherheit gebend im Haushalt mitleben. Ferner gewinnt die Anzahl weiterer verläßlicher Bezugspersonen, das soziale Netz der Unterstützungen, hohe Bedeutung für dermaßen geforderte Kinder. Hierher gehört auch die klinische Beobachtung (*Wallerstein,* 1983), wonach Scheidungsfolgen um so besser bewältigt werden, je höher der psychosoziale Entwicklungsstand der betroffenen Kinder und je stärker die Unterstützung durch Freunde oder Lehrer, vor allem aber durch liebende, kompetente Erwachsene in und außerhalb der Familie. Dem entspricht auch die generell höhere Gefährdung von Kindern, welche mit alleinerziehenden Müttern groß werden (*Rohner,* 1975; *Kellam, Ensminger* und *Turner,* 1977). Wenn hingegen Kinder, die unter benachteiligten Lebensbedingungen aufwachsen, auf ein tragendes emotionales Beziehungsnetz innerhalb der Familie zurückgreifen können, welches sich keinesfalls auf Verwandte ersten Grades zu beschränken braucht, dann stellt dies einen deutlichen Schutz vor dem globalen nachteiligen Einfluß der Gesamtsituation dar.

Die Bedeutung emotional verfügbarer Sicherheit, Trost und Beruhigung gewährender Personen tritt auch hervor, wenn *Koocher* und *O'Malley* (1981) über die seelischen Spätfolgen bei Kindern berichten, die ihre Krebskrankheit überlebten. Daß derlei

Zusammenhänge keineswegs auf das Kindesalter beschränkt sind, legen *Bowlby* und *Parkes* (1970) dar. Die Wahrscheinlichkeit einer chronischen Trauerreaktion im Erwachsenenalter bei Verlust des Ehepartners erhöht sich, wenn für die Hinterbliebenen keine enge Beziehung zu einem weiteren Familienmitglied existiert, auf welches ein Teil der emotionalen Bindung übertragen werden kann (vgl. *Bojanovsky,* 1983).

Andere entwicklungsprotektive Aspekte der frühkindlichen Umwelt

Diesbezüglich nennen *Dohrenwend* und *Dohrenwend* (1972) den Einfluß von Schicht und Einkommen der Familie. Dagegen erhebt *Vaillant* (1980) entschieden Einspruch: Viel gewichtiger seien die Anpassungstechniken und Abwehrstile, welche wiederum aus den lang andauernden Beziehungen des Kindes zu den Menschen seiner Umgebung hervorgehen. Die Reife dieser Anpassungs- und Abwehrstile drücke sich bereits sehr früh in der Qualität der Geschwisterbeziehungen aus und ist nach *Vaillant* (1974) nicht nur Indikator seelischer Gesundheit im Erwachsenenalter, sondern auch die *einzige* Kindheitsvariable, die statistisch zur Qualität der Abwehr- und Anpassungsstile des Erwachsenen korreliert. Überhaupt können kurze, wohldosierte Belastungen, etwa Trennungserfahrungen, zum bedeutsamen Entwicklungsanreiz werden (*Stacey* et al., 1970), solange nur „attachment" und „bonding" gewährleistet bleiben (*Rutter,* 1978).

Ferner ist das bewußte Erkennen und das kognitive Verarbeiten psychosozialer Belastungen und Benachteiligungen entscheidend (*Chiland,* 1974). Nach *Lebovici* (1973) wird der schädigende Einfluß chronischer oder wiederholter körperlicher oder geistiger Erkrankungen eines Familienmitgliedes auf Kinder dadurch gemildert, daß diese Erkrankungen den Angehörigen bekannt seien. Schädigend indessen wirken sich schwerwiegende und zugleich im Bewußtsein der Familie und damit des Kindes nicht repräsentierte Störungen eines Elternteiles aus, z.B. eine als Krankheit nicht identifizierte Borderline-Pathologie (schwere psychosenahe Persönlichkeitsstörung). Der Alkoholismus des Vaters schädigt das Kind weniger, wenn die Alkoholkrankheit für die Familie offenkundig ist, etwa weil der Vater regelmäßig eine Alkoholberatungsstelle besucht (*Rydelius,* 1981). – Obwohl schon oben erwähnt, gehört in diesen Kontext auch eine Mitteilung von *Anthony* (1974a):

Neben der warmen emotionalen Beziehung entscheidet das Zutrauen (confidence) der erwachsenen Bezugsperson, ihre realistische Einschätzung der Leistungsfähigkeit des Kindes über das Selbstvertrauen, mit welchem dieses den Herausforderungen des Lebens gegenübertritt und ihnen gerecht wird.

Die aktuellste Zusammenschau protektiver Faktoren neben jenem zentralen Moment der bedeutsamen emotionalen Beziehung verdanken wir abermals *Werner* und *Smith* (1982). So scheinen Buben, zumindest unter den sozialen Bedingungen von Hawaii, um so widerstandsfähiger zu werden, je jünger ihre Mütter, und die Mädchen, je älter ihre Väter sind. Nachteilig indessen wirkt sich eine hohe Anzahl von Geschwistern aus, die dann auf engem Raum miteinander leben müssen. Die Abwesenheit des Vaters hat nur für Knaben einen schädigenden Einfluß. Überhaupt scheinen die einzelnen Umstände sich auf Jungen und Mädchen auch entgegengesetzt auswirken zu können. Im Gegensatz zu Knaben hat die Berufstätigkeit der Mutter außerhalb des Haushaltes, die ständige Abwesenheit des Vaters und die Verantwortung für Geschwister auf Mädchen einen offensichtlich reifungsfördernden Effekt vor allem dann, wenn, wie oben bereits ausgeführt, neben der Mutter eine weitere Person, z.B. die Großmutter oder bedeutsame ältere Geschwister, im Haushalt leben. Ferner kommt für beide Geschlechter in gleicher Weise der Gesamtzahl belastender Lebensereignisse während der Kindheit ein besonderes Gewicht für die spätere seelische Gesundheit zu. Abschließend sei mit *Werner* und *Smith* für das Konzept der protektiven Faktoren betont, daß ihre Relevanz nicht unter allen psychosozialen Entwicklungsbedingungen bedeutsam oder auch nur feststellbar wäre. Vielmehr folgt schon aus dem Begriff der protektiven Faktoren, daß sie überhaupt nur unter Bedingungen starker und stärkster psychosozialer, meist chronischer Belastungen notwendig werden und damit auch nachzuweisen sind. Dementsprechend fanden *Werner* und *Smith* die größte Anzahl protektiver Faktoren gerade bei jenen gut entwickelten Erwachsenen, die in chronischer Armut großgeworden und einer hohen Zahl belastender Lebensereignisse ausgesetzt gewesen waren: Je größer die Benachteiligung, desto notwendiger werden auch protektive Aspekte, soll die seelische Entwicklung gelingen.

In ihrem Modell des Zusammenhangs von Risiko, Belastung und den Quellen der Unterstützung, aus welchen seelische Reserven und Bewältigungsstrategien erwachsen, nennen *Werner* und

Smith zusammenfassend folgende *Risikofaktoren,* die schon *zum Zeitpunkt der Geburt* die Anfälligkeit eines Kindes für psychosoziale Defizite im Erwachsenenalter bestimmen:
- Chronische Armut, schlechte Erziehung und Ausbildung der Mutter
- mäßige bis ernste perinatale Komplikationen
- Entwicklungsrückstände oder -unregelmäßigkeiten
- erbgenetische Abnormalitäten
- psychiatrische Auffälligkeiten der Eltern.

Eine so definierte Verletzlichkeit bedingt wiederum wesentliche weitere Momente der Belastung, wozu für den Zeitraum der frühen Kindheit zählen:
- Verlängerte Trennung von der primären Pflegeperson während des ersten Lebensjahres
- die Geburt jüngerer Geschwister innerhalb von zwei Jahren nach der eigenen
- ernsthafte und wiederholte Kinderkrankheiten
- Krankheiten der Eltern (körperlich und seelisch-geistig)
- bedeutsame Entwicklungsprobleme der Geschwister
- Abwesenheit des Vaters
- Arbeitslosigkeit des Ernährers
- Wechsel des Wohnortes
- Scheidung der Eltern
- Wiederheirat
- Trennung oder Tod von älteren Geschwistern oder nahen Kinderfreunden
- das Auftreten von Pflegeeltern.

Unter anderem erfahren wir bei *Werner* und *Smith* von folgenden wesentlichen Quellen der psychosozialen Unterstützung: – Vier (!) oder weniger Kinder in der Familie im Altersabstand von mehr als zwei Jahren
- nachhaltige Zuwendung zum Säugling während der ersten Lebensmonate
- eine positive Beziehung der leiblichen Eltern zum Kind während der frühen Kindheit
- die Präsenz zusätzlicher Pflegepersonen neben der Mutter
- Zuwendung durch ältere Geschwister und Großeltern
- die dosierte Beschäftigung der Mutter außerhalb des Hauses
- die Verfügbarkeit von Gleichaltrigen und Nachbarn zu emotionaler Unterstützung
- klare Strukturen und Regeln in Haushalt und Familienleben.

Zum Abschluß dieses Kapitels sei der unterschwelligen Sugge-
stion vorgebeugt, die sich an die Formulierung von der „Unverwundbarkeit" heften könnte. Sehr präzise treffen *Werner* und *Smith*
(1982) den Sachverhalt mit dem Titel ihres Buches: „Vulnerable
but Invincible" (verletzlich, aber unbesiegbar). *Manfred Bleuler*
schreibt 1972 über solche nicht psychotisch erkrankten Erwachsenen, die als Kinder die schizophrene Erkrankung ihrer Eltern zu
ertragen hatten: „Dieses Leid dämpfte bei vielen das Lebensglück.
Es gibt zu Minderwertigkeitsgefühlen Anlaß und unterhält Zweifel
an der eigenen Fähigkeit als Liebes- oder Ehepartner" (S. 440).
Langmeier und *Matejcek* (1977) erinnern an die erhöhte psychosoziale Auffälligkeit der KZ-Kinder, die zunächst erstaunlich gut die
Folgen des Lagers überstanden hatten. *Chiland* (1974) wählt ausdrücklich für die Verhältnisse jener zwar nicht kranken, aber doch
seelisch verarmten und eingeengten Menschen die Formulierung
der psychosozialen Nische, außerhalb derer sie unweigerlich als
seelisch gestörte Personen auffallen müssen. Die gute Anpassung
bleibt starr und läßt sich nicht flexibel und kreativ auf neue Lebensumstände übertragen. *Dixon* (1977), *Tizard* und *Hodges* (1978) wie
auch *Rutter* (1979) verweisen auf Spuren, die ein glückliches äußeres Schicksal als Adoptivkind nicht gänzlich beseitigen kann und
die auf den basalen Mangel an einer frühen, liebevollen, warmen
und engen Beziehung zurückgehen. Die spätere positive Entwicklung vermindert nur die Folgen schädlicher früher Einflüsse (*Rutter,* 1974) und löscht sie nicht aus. Die Rede von der Unverwundbarkeit einiger, im globalen Sinne benachteiligter Kinder gilt also
nur sehr eingeschränkt. In Wahrheit nämlich sind auch sie verletzt.
Und dennoch wächst ihnen die Stärke zu einer letztlich erfolgreichen seelischen Entwicklung aus Quellen zu, auf die wir nun im
Detail eingehen wollen.

3. Die Hypothese der positiven, stabilen
Bezugsperson während der frühen Kindheit

Die beiden zurückliegenden Kapitel wollten anhand der Literatur
zwei Thesen herausarbeiten, wovon die zweite einzuschränken
scheint, was die erste in breiter Allgemeinheit behauptet:
Zuerst galt es, die Bedeutung glücklicher früher Kinderjahre zu
unterstreichen für das kreative Potential der späteren Persönlich-

keit, sich den unabänderlichen Bedingungen des Lebens flexibel anzupassen und die beeinflußbaren im eigenen Sinne zu gestalten. Als das Ideal einer optimalen Kindheit postulieren wir eine soziale Umwelt, die dem materiell genügend versorgten Kind ein prinzipielles und unerschütterliches Wohlwollen entgegenbringt. Das Kind darf nicht für die eigenen Ziele der Bezugsperson benutzt werden. Vielmehr muß die primäre Umwelt auf das sich wandelnde Bedürfnisprofil des Kindes im Fortgang seiner Entwicklung eingehen. Hierbei verlangt unser Ideal nicht die Erfüllung jedes kindlichen Begehrens, wohl aber muß die Umwelt wohlwollendes Interesse und respektvolle Anerkennung der kindlichen Befindlichkeit und Wunschwelt sowie den Regelhaftigkeiten seiner geistigen Entwicklung entgegenbringen. Die möglichst unvoreingenommene Zuwendung zum Kind im Kontext einer konstanten, herzlichen, angstfreien, leib- und sinnesfreundlichen Beziehung trägt zugleich auch immer Forderungen der sozialen Gruppe, ihre Spielregeln sozusagen, an das Kind als zukünftiges Mitglied heran, ohne ihre augenblickliche Erfüllung zu erwarten oder gar zu verlangen. Statt dessen gibt sich die Mitwelt damit zufrieden, wenn das Kind jene pädagogischen Anforderungen erkennt und ihnen mit der Zeit nachkommt, weil es die empfangene Liebe erwidern möchte. Damit ist nichts anderes gemeint als daß die sozialen Lernschritte, die die Gemeinschaft dem Kinde zumutet, dieses nicht überfordern und den liebevollen Grundtenor im Verständnis zu den primären Bezugspersonen nicht nachhaltig unterbrechen. Das gilt auch dort, wo das Grundbedürfnis nach (aggressiver) Abgrenzung einer kindlichen Individualität beachtet sein will. Unter solchen Gesichtspunkten bedeutet primäre Sozialisation und damit Erziehung, das Kind auf die Gemeinschaft in einer Weise hinzuführen, die seinen notwendigen Verzicht auf triebhafte Expansivität nicht zur demütigenden Niederlage und Unterwerfung, sondern zur Bestätigung und zum Erfolg werden läßt. Aus seiner primären Bezogenheit auf die engste Mitwelt erwächst dem Kinde die Zufriedenheit, die aus seiner Perspektive selbstverständlich rechtmäßigen Erwartungen der Erwachsenen zu erfüllen und damit ein wertvolles Mitglied ihrer Gemeinschaft bereits zu sein oder bald zu werden.

Unsere erste These (Kapitel I, 1) geht nun von der Umkehr dieses Ideals glücklicher Entwicklungsbedingungen für ein Kind aus und besagt, daß schwerwiegende Abweichungen hiervon, die eine individuell unterschiedliche Toleranzgrenze überschreiten, auch im späteren Leben eines dermaßen gezeichneten Kindes notwendigerweise Spuren hinterlassen, die kein noch so vollkommener kompensatorischer Einfluß wieder zum völligen Verschwinden bringen könnte. Hiermit wird nur die schlichte Überzeugung ausgedrückt und durch Voten der Literatur gestützt, wonach im Regelfall weniger eine materielle, wohl aber eine psycho-emotional entbehrungs- und belastungsreiche Kindheit ein erhöhtes Risiko zu psychogenen Störungen der bio-psycho-sozialen Verfassung im Erwachsenenalter in sich birgt. Erhebliche Traumatisierungen hinsichtlich der mitmenschlichen Bedürftigkeit des Vorschulkindes lassen trotz materieller Absicherung für sein adultes Leben entweder klinisch manifeste Abweichungen seines Befindens, Erlebens und Verhaltens oder zumindest Einschränkungen seiner kompensatorischen und adaptiven Flexibilität und Toleranz gegenüber unvermeidbaren Anforderungen und Schicksalsschlägen in der mittleren Lebensspanne erwarten. Ungeachtet der je akzeptierten Inhalte des Norm- und des Krankheitsbegriffes, wird damit eine signifikante Steigerung der Abnormitätsrate im negativen Sinn einhergehen.

Neben dieser einen, allgemeineren These, in die sich auch die psychoanalytische Entwicklungslehre – aber keineswegs nur sie allein – fügt, steht auch die besonders von Kapitel I, 2 betonte Einschränkung: Zu einem nicht unbeträchtlichen Anteil werden wir immerhin auch solche erwachsene Personen antreffen, denen wir unter Beachtung psychoanalytischer, psychosomatischer und persönlichkeitspathologischer Gesichtspunkte eine gute „seelische Gesundheit" bestätigen können und die dennoch Kindheitsbedingungen entstammen, die im Gegensatz zu allen entwicklungspsychologischen Leitlinien als ausgesprochen schlecht einzustufen sind.

Von diesen theoretischen Positionen geht die nachfolgende Untersuchung aus und wendet sich nun den Daten einer noch genauer (Kapitel II, 1) darzustellenden epidemiologischen Erhebung psychogener Störungen und ihres biographischen Hintergrundes zu. Sodann interessieren uns die Bedingungen, die derartige Abweichungen von der allgemeinen Regel erst ermöglichen. Wie gelingt es einigen Kindern immer wieder, aus dem seelischen Elend unglücklicher Kindertage nahezu unangetastet hervorzutreten, gleich jenen, denen alle Chancen geboten waren? Dieser Frage möchte sich der Fortgang unserer Untersuchung annähern, und zwar auf dem Wege über eine bestimmte Erwartung, welche u. E. den springenden Punkt dessen ausdrückt, was die Literatur zum

Thema in einer Vielzahl kompensatorischer und protektiver Faktoren zusammengetragen hat: Die Entfaltung des Kindes zur seelisch gesunden Person bedarf gerade in den frühen Jahren der Vorschulzeit einer unverbrüchlichen, liebevollen und warmen, konstanten Beziehung, deren Verläßlichkeit möglichst nie oder nur ganz temporär in Frage gestellt werden darf. Aus einer solchen Beziehung entspringen Trost, Bestätigung, Vertrauen in die eigene kleine Person und eine kindgerechte kognitive Strukturierung des Lebensfeldes. Dessen planvolle Bewältigung wird erst durch die genannten Voraussetzungen möglich. Sie halten damit das psychische Wachstum des Kindes in Gang.

Wir fordern mithin von einer epidemiologischen Feldstudie für solche seelisch gesunden Probanden, die einer einwandfrei nachteiligen und schädlichen psychosozialen Umgebung während ihrer Frühkindheit ausgesetzt waren, den signifikanten Nachweis einer zuverlässig verfügbaren, wohlgesonnenen Bezugsperson. Dem Konzept einer solchen hilfreichen Person scheint die Idee der Patenschaft zu entsprechen. Geht es doch darum, notwendige Voraussetzungen bereitzustellen, welche das von der Sozietät „natürlicherweise" vorgesehene personale Netz vorenthält. Patenschaften sind, auf den jeweiligen Adressaten und das jeweilige Ziel abgestimmt, von verschiedenster Art. Uns ist es hier um die seelische Unterstützung während der ersten Jahre zu tun, welche gravierende Defizite der Eltern und im Bereich der primären Familie auszugleichen vermag. Natürlich werden oft die leibliche Mutter oder gelegentlich der Vater diese Aufgabe übernehmen. Wir erwarten, solche zuverlässigen Bezugspersonen mit großer Häufigkeit in der Frühkindheit jener Menschen anzutreffen, die dem von den nachteiligen Umständen ihrer Kindheit vorgezeichneten Schicksal psychogener Erkrankungen entkamen.

Keinesfalls kann hier ein Ausschließlichkeitsverhältnis gemeint sein. Ist doch das psychosoziale nur ein Bedingungsfeld der Entwicklung zur menschlichen Person und das erbbiologisch-konstitutionelle ein anderes und nicht weniger bedeutsam. So erwarten wir von einer epidemiologischen Erhebung, auch auf Erwachsene zu stoßen, die im Leben gediehen, obwohl wir in ihrer desolaten Kindheit die gesuchte Figur einer solchen Bezugsperson nicht identifizieren können. Wesentlich häufiger aber vermuten wir, anderen Menschen zu begegnen, deren Weg in eine pathologische Entwicklung auch ein sehr bemühter „Helfer" aus vielerlei Gründen nicht aufzuhalten vermochte. Zunächst und vor allem aber geht es um den empirischen Nachweis der bedeutsamen Rolle überhaupt, welche die zuverlässig verfügbare, positive Bezugsperson in der Genese von erwachsenen Personen innehat, die als benachteiligte Kinder im Zuge ihrer Entwicklung doch alle massiven Nachteile überwanden. Um den entsprechenden Beleg will sich die vorliegende Arbeit bemühen. Deshalb ist zunächst darzulegen, nach welchen Kriterien und an welches Untersuchungsgut die zentrale These empirisch herangetragen werden soll.

II. Empirische Grundlagen, Methoden und Ergebnisse

1. Das Mannheimer Kohortenprojekt im Überblick

Dieses Kapitel skizziert ein umfangreiches epidemiologisches Forschungsprojekt, aus dem empirische Daten für unsere eigentliche Fragestellung hervorgehen. Verschiedene Veröffentlichungen (*Hönmann* und *Schepank,* 1981, 1983; *Schepank,* 1982, 1983, 1987; *Schepank* et al., 1984a, b) informieren über das Unterfangen in aller Ausführlichkeit. An dieser Stelle kann es allein darum gehen, den Forschungsrahmen zu klären, dem die Informationen über die hier näher untersuchten Personen entstammen bzw. die hierfür relevanten Variablen genau zu erläutern.

Im DFG-Sonderforschungsbereich 116, „Psychiatrische Epidemiologie", am Zentralinstitut für Seelische Gesundheit in Mannheim wurde von 1978 bis 1985 das Projekt D 2 (Leitung: *H. Schepank*) gefördert. Es trägt den Titel: „Kohortenuntersuchung und Follow-up-Studie über die Erkrankungen gemäß ICD-Ziffer 300 bis 307 (WHO-Klassifikation, 8. Revision) und den Untertitel: „Eine Felduntersuchung zur Ermittlung des Krankheitsverlaufes sowie des Anteils neurotischer und anderer psychogener Störungen in einer repräsentativen Bevölkerungsstichprobe von deutschen Erwachsenen des Stadtkreises Mannheim". In vornehmlich beschreibender Absicht soll die Verbreitung psychogener Erkrankungen in einer westdeutschen Universitäts- und Industriestadt erforscht werden. Der Begriff einer neurotischen bzw. psychogenen Störung wird mit Hilfe der ICD-Klassifikation (*Degkwitz* et al., 1975), Nummer 300 bis 307, definiert und meint Psychoneurosen (ICD 300), Persönlichkeitsstörungen/Charakterstörungen (ICD 301), Sexualabweichungen (ICD 302), Alkoholismus und andere Süchte (ICD 303, 304), funktionelle und andere psychosomatische Störungen (ICD 305, 306) sowie kurzfristige psychische Auffälligkeiten unter situativer Belastung (ICD 307). Die aufgeführten Diagnosegruppen dürfen nur zur Anwendung kommen, wenn die damit bezeichneten Störungen nicht primär durch körperliche Grunderkrankungen hervorgerufen werden.

Schepank (1986a) erörtert die Befunde der verschiedenen Forschungsergebnisse zur Epidemiologie der psychogenen Erkrankungen, die zumeist in hochindustrialisierten Ländern erstellt wurden (z. B. *Hollingshead* und *Redlich,* 1975, oder für die Bundesrepublik *Dilling, Weyerer, Castell,* 1984). Wie zahlreiche Autoren immer wieder feststellen (z. B. *Dohrenwend* und *Dohrenwend,* 1969, 1972; *Häfner,* 1978), weisen die epidemiologischen Angaben zur Prävalenz (Bevölkerungsrate, die innerhalb eines bestimmten Zeitraumes mit einer bestimmten Erkrankung behaftet ist) psychogener Erkrankungen eine ungeheure Schwankungsbreite auf. Als Extremwerte geben *Dohrenwend* und *Dohrenwend* (1965) 0,8 % auf der einen, 65 % auf der anderen Seite als Prävalenzziffern für neurotische Erkrankungen an. Häufig wurden diese Werte durch Studien ermittelt, welche die Patienten eines Krankenhauses untersuchten bzw. die Patienten ambulanter psychiatrischer und ähnlicher Praxen und Institutionen (Inanspruchnahmeklientel). Da aber derselbe Mensch, wie *Schepank* (1986a) ausführt, wegen Symptomwandels oder Mehrfachsymptomatik verschiedene Anlaufstellen konsultieren kann und überhaupt nur ein bestimmter Teil der Menschen mit psychogener Symptomatik je eine Institution in Anspruch nimmt, reichen solche administrativen Studien nicht aus, um Erkenntnisse über die „wahre" Inzidenz (Rate der Neuerkrankungen innerhalb eines gegebenen Zeitraumes) oder Prävalenz dieser Erkrankungen zu gewinnen. Die Konsequenz hieraus zwingt zur Durchführung von Feldstudien an repräsentativen Stichproben der Bevölkerung, welche trotz aller Erschwernis seitens der Bestimmungen des Datenschutzes die Verweigererquote möglichst gering halten.

Ausgehend von solchen Vorüberlegungen, untersucht das Mannheimer Kohortenprojekt eine Zufallsstichprobe von je 200 Mannheimer Bürgern aus den drei Geburtsjahrgängen 1935, 1945 und 1955. Damit war die Risikozeit der Erstmanifestation psychogener Erkrankungen weitgehend erfaßt, ohne wesentlich in den Bereich der Alterungsprozesse einzudringen. Die Methode der Kohortenstudie (Geburtsjahrgänge) sollte den eventuellen Einfluß dreier unterschiedlicher Kollektivschicksale darstellen. So kann epidemiologisch erstmals der Frage nachgegangen werden, welchen Einfluß die Tatsache auf einen Menschen hat, als Deutscher entweder 1935 in der Vorkriegszeit geboren zu sein und während des Krieges seine Kindheit verlebt zu haben oder daß er 1945 in die Wirren und materiellen sowie sozialen Nöte der Nachkriegszeit hineingeboren wurde bzw. schon als Kind des westdeutschen Wirtschaftswunders 1955 zur Welt kam und in einer Zeit expandierender wirtschaftlicher Prosperität heranwuchs.

In der ersten Phase des Projektes von Herbst 1979 bis Dezember 1982 – und nur aus dieser Projektphase stammen die Befunde der hier vorgelegten Untersuchung – nahmen die Mitarbeiter des Projektes mit 1004 Personen, die nach dem Zufall aus dem Register des Mannheimer Einwohnermeldeamtes herausgezogen worden waren, Kontakt auf. Nach Abzug von acht gänzlich Unerreichbaren, 203 Verzogenen, sechs Verstorbenen, elf Probanden mit anderen psychiatrischen Diagnosen und 176 (22,7% von 776 Probanden) echten „Verweigerern" waren schließlich jene 600 Probanden gewonnen, die sich auch zur Mitarbeit bereit erklärten. Gemäß der Vorgabe sollten diese Personen *seelisch* gesund sein oder einer der oben erwähnten ICD-Klassifikationen zugehören. Zufällig angetroffene Psychosen oder schwere Oligophrenien wurden aus der Stichprobe wieder ausgeschlossen. Die Interviewer waren in der Diagnostik und Behandlung von Neurosen, Charakterstörungen und psychosomatischen Erkrankungen erfahrene Kollegen, zumeist in fortgeschrittener oder mit bereits abgeschlossener psychoanalytischer Ausbildung.

Das Untersuchungsgespräch dauerte in der Regel 2,5 bis 3 Stunden. In dieser Zeit bekam der Proband folgende Untersuchungsinstrumente vorgelegt: Ein strukturiertes, halbstandardisiertes psychoanalytisch orientiertes Interview, in welchem zunächst die relevante psychogene Symptomatik mit Hilfe der Beschwerdelisten von *v. Zerssen* und *Koeller* (1976), gegliedert nach Vorkommen in vier Prävalenzabschnitte (letzte sieben Tage, ein Jahr, drei Jahre und lebenslang), erhoben wurde. Nachdem der Interviewer sich über die vom Probanden angegebenen Beschwerden ein sehr umfassendes Bild verschafft hatte, erfragte er die Krankheitsanamnese, einschließlich der Arztkonsultationen (all dies wiederum gegliedert nach den vier Prävalenzabschnitten). Der Untersucher erkundigte sich ferner nach Trink- und Rauchgewohnheiten sowie ausführlich nach der aktuellen Lebenssituation. Hierzu gehört das Verhalten und Erleben des Probanden in Beruf, Freizeit und Partnerschaft, seine sexuellen Gepflogenheiten, sein Umgang mit Besitz u. v. m. Schließlich wurde er im Sinne einer biographischen Anamnese (*Dührssen,* 1981) ermuntert, seine frühe Kindheit, die Schulzeit und die Jugend zu schildern mit allen psychogenetisch möglicherweise relevanten Momenten: Umstände der Schwangerschaft und Geburt, der Frühpflege, Krankheiten in der Kindheit, Elterndefizite oder -verluste, Beziehung der Eltern zueinander, Vorgeschichte der Eltern, Geburtenabfolge der Geschwister, Stellung in der Geschwisterreihe und Beziehung zu den Geschwistern. Kinderneurotische Symptome wurden eingehend eruiert. In dieser Art und Weise stellten sich schließlich die frühe Kindheit, die früheren und späteren Schuljahre, der Einstieg ins Berufsleben, die sexuelle Entwicklung und endlich das Leben des Probanden als Erwachsener bis in die Gegenwart hinein dar und wurden dokumentiert. Schließlich füllte jeder Proband ein Life-event-Inventar in einer von *Siegrist* (1980) entworfenen und für das Mannheimer Kohortenprojekt leicht modifizierten Form aus. Neben der Vergabe des Freiburger Persönlichkeits-Inventars und weiterer Kurzfragebögen interessierten auch spezifisch psychoanalytische Fragen, wie jene nach der frühesten Erinnerung aus der Kindheit, nach einem kürzlichen Traum bzw. nach der Wunschwelt.

Probleme der Fallfindung (unter welchen Bedingungen soll ein Proband als Fall von psychogener Krankheit zählen?) werden unten breiter mit Blick auf die vorliegende Untersuchung behandelt. Deshalb genügt hier der Hinweis, daß die Falldefinition des Projektes von einem zeitlichen Kriterium ausgeht, insofern die relevante Störung innerhalb der letzten sieben Tage sich manifestiert haben muß. Des weiteren wird als qualitatives Kriterium die Vergabe einer ICD-Diagnose aus der Zielgruppe 300 bis 307 gefordert. Schließlich bestimmen quantitative Kriterien den Schweregrad der Beeinträchtigung durch die Symptomatik. Für methodische Details des Mannheimer Kohortenprojektes, die nicht in unsere spezielle Untersuchung eingingen, sei auf die entsprechenden Publikationen verwiesen (*Schepank,* 1984a, b, vor allem aber *Schepank,* 1987).

Die Auswertung des im dreistündigen Interview erhobenen Materials nimmt weitere zehn Stunden in Anspruch und umfaßt neben einer ausführlichen ca. sieben- bis zehnseitigen Klartextdokumentation das Ausfüllen eines EDV-Bogens mit ca. 1200 Variablen. Hierunter befinden sich auch 25 globale Ratings, welche verschiedene komplexe Expertenurteile festhalten wollen, zu denen der Interviewer im Zuge seiner zusammenfassenden Überlegungen zu einem Probanden kommt. Diese Ratings geben somit das fachmännische Urteil des Klinikers wieder, ohne daß dieser das Zustandekommen seines Urteils, sozusagen sein inneres, an der klinischen Erfahrung ausgebildetes Schätzmodell, ausformulieren können müßte. Solche globalen Ratings betreffen u.a. die mögliche Psychopathologie der Elternfiguren, die Neurotizität ihrer Beziehung, die Gesamtbelastung, welcher der Proband während seiner frühen Kindheit wie auch während seiner Schuljahre ausgesetzt war, oder die Belastung, welche von seinen Geschwistern auf ihn ausging. Andere Ratings gelten der möglichen Gestörtheit im Leistungsbereich, in der Fähigkeit zur Partnerschaft, in der Sexualität oder in der gegenwärtigen Lebenssituation, etwa hinsichtlich der nachbarschaftlichen Integration oder der sozialen Integration eines Probanden überhaupt. Die Details der einzelnen Ratings, sofern sie für die vorliegende Arbeit relevant sind, werden unten behandelt.

Diese Skizze des Mannheimer Kohortenprojektes soll nicht enden, ohne einige der hauptsächlichen Ergebnisse mitzuteilen. So wurden 26% der Probanden als Fälle im Sinne der obigen Falldefinition eingestuft. Aufgeteilt nach Geschlechtern, waren in den zurückliegenden sieben Tagen doppelt so viele Frauen wie Männer als Fälle anzusprechen, nämlich 34% der Frauen und 18% der Männer. Dieses Geschlechterverhältnis findet sich auch in der vergleichbaren Literatur immer wieder. Ebenso wie andere Forschungen stieß auch das Mannheimer Kohortenprojekt auf gewichtige Unterschiede zwischen den sozialen Schichten (definiert nach *Kleining* und *Moore,* 1968): In den beiden untersten sozialen Schichten beträgt die Fallrate 38% im Gegensatz zu nur 20% in den Mittel- und Oberschichten. Zumindest für den Zeitraum der zurückliegenden sieben Tage vor dem Interview ließ sich kein bedeutsamer Unterschied zwischen den Jahrgangskohorten (1935, 1945, 1955) nachweisen, woraus mit einiger Vorsicht der Hinweis gezogen werden darf, daß die soziokulturellen Bedingungen während der Kindheit für die spätere seelische Gesundheit weniger ausschlaggebend sind als die Bedingungen innerhalb der Primärgruppe. Es sei allerdings hier bereits erwähnt, daß bei Ausdehnung der Prävalenzzeit auf ein Jahr die Altersgruppe 1945 sich insbesondere hinsichtlich psychosomatischer Diagnosen etwas störungsanfälliger ausnimmt.

Von den „Fällen" (26% der Bevölkerung) leiden entsprechend ihrer Hauptdiagnose

7,2% an Psychoneurosen (ICD 300),

5,7% an Persönlichkeitsstörungen (ICD 301)

1,5% an Süchten (ICD 303, 304) und

11,6% an psychosomatischen Störungen (ICD 305, 306)

26,0%

Die Hauptdiagnose einer sexuellen Verhaltensabweichung („Perversion") wurde praktisch nicht gestellt.

Mit Blick auf die Expertenratings seien noch signifikante Zusammenhänge von frühkindlichem Mutterdefizit, von neurotischer Kindheitssymptomatik und einem hohen Score für die globale frühkindliche Belastung auf der einen Seite mit der Falleigenschaft in der Gegenwart andererseits erwähnt, worauf weiter unten in aller Gründlichkeit einzugehen sein wird.

2. Fallfindung

Soeben wurde im Überblick das Mannheimer Kohortenprojekt, aus dem das Datenmaterial der vorliegenden Untersuchung entstammt, skizziert. Nachfolgend rücken wir von den vielfältigen Zielsetzungen jenes Projektes wieder ab und wenden uns auch seinen methodischen Aspekten nur insofern zu, als es der hier angeschnittenen Fragestellung dient. Die wichtigste Änderung der vorliegenden Untersuchung betrifft die neugewählte Prävalenzperiode für die Falldefinition: Während das Mannheimer Kohortenprojekt eine sehr kurze Prävalenzzeit (Punktprävalenz), nämlich die zurückliegenden sieben Tage, zugrunde legt, gehen wir von der Einjahresprävalenz aus, die den Erfordernissen der psychotherapeutisch-psychosomatischen Klinik eher angemessen ist. Die Gründe hierfür werden unten aufgeführt.

Probleme der Fallfindung

In der psychiatrischen Epidemiologie gilt eine mehrfache Bedeutung des Begriffes „Fall" (*Häfner,* 1978). So bezeichnet er u. a. „das Individuum, das eine bestimmte Krankheit oder eine vergleichbare Merkmalsgruppe aufweist, im Unterschied zu jenen, die sie nicht aufweisen. Diese Definition sollte in der Regel bei Untersuchungen zugrunde liegen, die sich mit der ‚wahren Morbidität' (Inzidenz, Prävalenz etc.) befassen" (S. 22). Da es sich beim Mannheimer Kohortenprojekt und damit auch bei den hier weiter bearbeiteten Informationen um eine Prävalenzstudie handelt, gilt für uns diese Definition.

Sofern eine Erhebung sich aber nicht auf schwere oder risikoreiche Krankheitsbilder (etwa Delirium tremens) bezieht, muß in das diagnostische Expertenrating auch eine Beurteilung der Krankheitsschwere, einschließlich eines definierten „Cut-off-point" (Fallgrenze) für die Falldefinition einbezogen sein.

Die referierten Überlegungen haben insbesondere Gültigkeit für seelische Erkrankungen, die nicht scharf von anderen Krankheitsbildern oder vom Bereich des Gesunden abzugrenzen sind. Denn bei fließenden Übergängen zwischen psychischen Störungen von Krankheitswert und seelischer Gesundheit ergibt sich notwendigerweise das Problem der Grenze zwischen Fällen und Noch-nicht-Fällen. Zur Illustration sei neben den psychogenen Erkrankungen an die gleichen Schwierigkeiten im Bereich der Minderbegabung erinnert.

All dies impliziert die eminente Bedeutung, welche etwa bei Prävalenzstudien der Enge und Weite der Diagnosedefinition zukommt.

Konsequenzen für das weitere Vorgehen

Wird unsere Methode der Fallfindung all dem gerecht? Historisch geht der für das Mannheimer Kohortenprojekt entworfene Beeinträchtigungsschwere-Score für psychogene Störungen aus dem Neurosenschwere-Score hervor (*Schepank,* 1971, 1974, 1980/ 82), welcher den Begriff der Neurose im Sinne *Schwidders* (1972) in seiner weiten Fassung noch auf alle neurotischen Störungen, die psychoneurotischen, die organneurotischen und die charakterneurotischen bezieht. *Schepank* akzeptiert das stufenlose Kontinuum zwischen völliger Gesundheit und schwerster psychogener Erkrankung als Realität und zieht daraus die Konsequenz, den Schweregrad eines psychogenen Syndroms gemäß seinem Ausprägungsgrad auf einer Stufenskala zu gewichten. Die Nominalklassen (entweder-oder) der ICD werden somit zugunsten einer Ordinalskala (mehr oder weniger) verlassen, weshalb für den Neurosenschwere-Score die inhaltliche Ausgestaltung eines psychogenen Syndroms zugunsten der Ausprägungs*schwere* gänzlich in den Hintergrund tritt. Der Unterschied zwischen zwei Probanden ist dann nicht mehr klassifikatorisch etwa als „Angstneurose" gegenüber „Magenulkus" zu bestimmen, sondern als Distanzmaß, welches die Unterschiede der neurotischen Beeinträchtigung zweier Probanden zumindest auf dem Niveau einer Rangskala (Person A ist mehr/weniger beeinträchtigt als Person B) ausdrückt. Dies macht es möglich, auch unabhängig davon, welches psychogene Syndrom sich bei einem Probanden abzeichnet, diesen Menschen quantitativ (zahlenmäßig) auf einen rational festzusetzenden Cut-off-point (Fallgrenze) zu beziehen und dementsprechend einzuordnen.

Der Beeinträchtigungsscore ist kein intuitives, sondern ein konzeptorientiertes Rating, welches komplexe Merkmale erfaßt, von denen wir begründet annehmen, daß sie für die Beurteilung der Schwere einer psychogenen Störung relevant sind. Der Begriff der psychogenen Störung, deren Ausprägungsgrad zur Beurteilung ansteht, ist umfassend gehalten und zielt nicht allein auf psychoneurotische, somato-psychosomatische, funktionell-körperliche und charakterneurotische Symptome des Probanden, sondern auch auf den sekundären Leidensdruck, etwa bei Verwahrlosung und Süchten, wie auch auf ein neurotisch bedingtes Defizit an Lebensqualität, welches dem Probanden nicht unmittelbar zum Bewußtsein kommen muß. Ebenfalls gehen in das Rating illusionäre Ansprüche und Erwartungshaltungen, überkompensatorische Verhaltensmuster sowie Bequemlichkeitshaltungen mit ein.

Der Beeinträchtigungsschwere-Score (*Tress,* 1987; *Schepank,* 1987) für psychogene Störungen dokumentiert die jeweilige Beeinträchtigung der Probanden als Punktwert auf einer Skala zwischen 0 (völlig gesund) und 12 (extrem schwere psychogene Störung). Alle erfaßbaren psychogenen Krankheitssymptome eines Probanden werden unabhängig von ihrer syndromalen (inhaltlichen) Einordnung nach ihrer effektiven Auswirkung auf und für den Betroffenen eingestuft. Die Beurteilung gilt dem Durchschnitt der Belastungsschwere für die vorgegebene Prävalenzperiode insgesamt und keineswegs für einen oder mehrere isolierte Zeitpunkte innerhalb der Prävalenzzeit. Die subjektiv leidvollen und/oder zwischenmenschlich-intersubjektiv festzustellenden Beeinträchtigungen werden auf drei verschiedene Dimensionen gewichtet:

a) die somatische Dimension: subjektive und objektive *körperliche* Beeinträchtigungen,
b) die *psychische,*
c) die Dimension der *sozialkommunikativen* Bezüge.

Somit können dreimal bis zu 4 Punkte und in der Addition folglich bis zu 12 Punkte vergeben werden. Diese Summe aus den Schweregraden in den genannten drei Dimensionen wird als der Beeinträchtigungsgrad des Probanden zusammengefaßt. Auf der einen Seite steht mit einem Summenscore von 0 der idealtypisch

Gesunde ohne jegliche psychogene Beeinträchtigung und auf der anderen Seite der neurotische, psychosomatisch oder charakterologisch extrem kranke Patient. Auf jeder Subskala ergibt sich der einzelne Punktwert sowohl aus der *Intensität* als auch der Ausbreitung einer Symptomatik auf Organsysteme oder Lebensbereiche. Neben der Intensität und der Ausbreitung einer Symptomatik ist ferner die *Dauer* ihrer Manifestation von Bedeutung, mit anderen Worten der Bruchteil einer vorgegebenen Prävalenzperiode, für welchen die Symptomatik bestand. Der Beeinträchtigungs-Score für psychogene Störungen in Anwendung auf eine vorgegebene Prävalenzzeit kann niemals – etwa im Sinne der klassischen Punktprävalenz – nur eine Momentaufnahme aus diesem Zeitraum sein, sondern er muß die *während dieser Zeit durchschnittlich* gegebene Beeinträchtigung infolge der faktischen Intensität und der Dauer der für einen gegebenen Probanden typischen, im Durchschnitt der Prävalenzperiode auftauchenden psychogenen Störungen ausdrücken.

Die Einstufung der Schwere einer psychogenen Störung können nur psychotherapeutisch geschulte Kliniker durchführen.

Inhaltlich sind die Skalen von *Schepank* (1982) so charakterisiert:

a) *„Schwere körperlicher Beeinträchtigung":* Hier werden unmittelbare körperliche Symptome, wie Schmerzen, Gehbehinderungen, Körpersensationen sowie körperliche Beschwerden im weitesten Sinne aufgrund einer psychosomatischen Symptombildung gewichtet. – Weiterhin geht es um Beeinträchtigungen durch somatische Folgeerscheinungen und Konsequenzen der neurotischen Symptombildungen, etwa die Kopfschmerzen eines neurotischen Unfalles, die Leberschäden eines Trinkers, die Lähmung eines Suizidenten. Derartige somatische Folgeerscheinungen psychogener Störungen werden aber für das Rating nur unter der Voraussetzung berücksichtigt, daß ihre psychische Grundlage auch während der jeweils untersuchten Prävalenzzeit weiterbestand und somit die Verhaltens- und Erlebensmuster weiter vorlagen, welche die organische Folgesymptomatik abermals hätten nach sich ziehen können.

b) *„Schwere der psychischen Beeinträchtigung":* Hierbei geht es um das subjektive, psychisch empfundene Leid, hervorgerufen etwa durch Ängste, Zwänge, Grübeleien, Depressionen, Hypochondrien oder Beunruhigungen, aber auch um seelische Defizite, welche der Proband subjektiv evtl. gar nicht registriert, wie z.B. eine neurotische Genußunfähigkeit.

c) *„Schwere der sozialkommunikativen Beeinträchtigung":* Dieser
Score verschlüsselt charakterologische Symptome sowie den Ausprägungsgrad einer neurotisch veränderten Persönlichkeitsstruk-
tur insgesamt. Die Charakterdeformation des symptomlosen Neu-
rotikers wäre hier zu kodieren, welche keiner floriden Symptomatik,
sondern einer stabilen, aber pathologischen Trieb-Abwehr-Balance,
ggf. im Zusammenhang mit strukturellen Ich-Störungen, entspricht. Inhaltlich könnte es sich beispielsweise um neurotische
(oder gänzlich vermiedene) Partnerwahl handeln, um Tatbestände
der Genuß- und Leistungsunfähigkeit sowie um Einschränkungen,
Behinderungen im Lebenserfolg, neurotische Verwahrlosung und
pathologische Interaktionsformen im mikro- und makrosozialen
Bereich oder unbewußt selbstschädigende Umgangsformen mit
Geld und Besitz etc.

Die fünf Stufen (0 bis 4) der Beeinträchtigungs*schwere* sind für
alle drei Unterskalen an folgenden Ankerpunkten zu orientieren:
Als „gar nicht" (= 0) beeinträchtigt erachten wir einen Menschen,
der idealtypisch ohne psychogene Störungen auf der angesprochenen Dimension lebt und im gesamten Interview für die jeweils
untersuchte Prävalenzperiode keine Hinweise auf spezifische, psychisch determinierte Beeinträchtigungen gibt. „Deutlich" (= 2)
beeinträchtigt erscheint derjenige Proband, dessen psychogene
Symptomatik in einer bestimmten Dimension unübersehbar vorhanden ist, zu einer merklichen Belastung führt, ohne aber den
Probanden aus einzelnen Lebensbereichen (Ehe, Kinder, Familie,
Freunde, Freizeit, Beruf) weitgehend auszuschließen.

Eine „extreme" (= 4) Beeinträchtigung des Symptomträgers besteht, wenn die durchschnittliche Intensität ein Maximum klinisch
relevanter Behinderung erreicht.

Sogenannte „Mehrfachgewichtung" eines psychosozialen Pro-
blemfeldes im Leben eines Probanden auf mehr als einer Dimension der psychogenen Beschwerden ist ausdrücklich zugelassen. So
wird der ausgeprägte und fortgeschrittene Alkoholismus meist
körperlich, psychisch und auch sozialkommunikativ zu Buche
schlagen.

Um die recht schematischen Ausführungen zum Gebrauch des
Schwere-Score etwas zu veranschaulichen, nun einige exemplari-
sche Ankerbeispiele für die körperliche, die psychische und die
sozialkommunikative Beeinträchtigung, bezogen auf die zurückliegenden sieben Tage.

Dimension der körperlichen Beeinträchtigung

Punktwert 1: Einmaliger, situativ gebundener psychogener Juckreiz, diskrete Einschlafstörungen, unabhängig davon einmaliger präkordialer Druckschmerz.

Punktwert 2: Regelmäßige Magenbeschwerden, die zu Arztbesuch und Röntgenuntersuchung führten. – Oder: Deutlich beeinträchtigendes Herzjagen mit Schweißausbrüchen, derentwegen der Proband mehrfach vorzeitig eine berufliche Besprechung beendete.

Punktwert 3: Regelmäßige funktionelle Herzbeschwerden, Appetitstörungen, Schweißausbrüche, ausgeprägte Ein- und Durchschlafstörungen, derentwegen der Proband zwei Tage lang nicht zur Arbeit ging. – Oder: Schlafstörung, starke psychogene Kopf- und Kreislaufbeschwerden, Obstipation, sekundäre Amenorrhö, dreimaliges psychogenes Erbrechen mit deutlicher Minderung der Arbeitsfähigkeit.

Punktwert 4: Beeinträchtigungen, die darüber deutlich hinausgehen.

Dimension der psychischen Beeinträchtigung

Punktwert 1: Ein betont ruhiger und verschlossener Proband läßt sich einmal gegenüber einem konkurrierenden Kollegen zu einer verbalen Explosion hinreißen. – Eine zwanghafte Probandin, überpünktlich, berichtet einmalige Suizidgedanken, die sofort schuldhaft verarbeitet wurden.

Punktwert 2: Diskrete Zwangssymptomatik mit wiederholten Kontrollhandlungen, die sich auf die Absicherung der Geldbörse beziehen sowie auf gelegentliches vollständiges Wechseln der Kleidung aufgrund von Verschmutzungsfantasien. – Klaustro- und Agoraphobie, die den Kino- und Theaterbesuch, aber auch die freie Bewegung in den Straßen und auf den Plätzen der Stadt behindern, gelegentliches Weinen bei depressiver Stimmungslage.

Punktwert 3: Existenzängste, als Ernährer der Familie zu versagen; regelmäßiger Tranquilizerabusus, chronifizierte Karzinophobie bei ausgeprägter Kopfschmerzsymptomatik, phobisches Meiden von Frisören. Anforderungen des Berufes werden gerade noch erfüllt, daneben ist der gesamte Alltag von der Symptomatik geprägt. – Anorektische Züge, Frigidität, sekundäre Amenorrhö, Laxantienabusus, Erbrechen und Obstipation, depressive Verstimmungslage, Suizidfantasien.

Punktwert 4: Beeinträchtigungen, die darüber deutlich hinausgehen.

Dimensionen der sozialkommunikativen Beeinträchtigung

Punktwert 1: Aus schüchterner Gehemmtheit meidet eine Probandin den Kontakt mit Ämtern und bittet ihren Mann, das Entsprechende für sie zu erledigen. – Berufstätiger Ehemann überläßt die gesamte Regelung der

Finanzen seiner Frau und bescheidet sich mit dem knapp bemessenen Taschengeld.

Punktwert 2: Probandin mit Bindungsängsten lebt in stabiler Freundschaft zu einem fünf Jahre jüngeren Mann, der 300 km von ihr entfernt lebt, und will dieses Arrangement auch zukünftig so erhalten. – Eine mit einem 20 Jahre älteren Partner verheiratete Probandin ist beruflich hyperaktiv, meidet aber privat jeden außerfamiliären Kontakt, pflegt keine Hobbies und vernachlässigt ihre Freizeitgestaltung weitgehend.

Punktwert 3: Durchbruchartige Aufgabe der Arbeitsstelle im Zusammenhang mit Raufhändeln, danach arbeitslos, war von Ehefrau bereits einmal geschieden, Schriftwechsel wegen unregelmäßiger Unterhaltszahlungen für ein im Heim lebendes außereheliches Kind. – Probandin mit Berentungswunsch rechnet bereits fest mit einer Dauerrente von unrealistischer Höhe und tätigt im Hinblick darauf bereits Käufe. Lebt in Isolierkontakt zu einem festen Partner bei weitgehendem Rückzug von Drittpersonen.

Punktwert 4: Beeinträchtigungen, die darüber deutlich hinausgehen.

Zusammenfassend erscheint der Beeinträchtigungsschwere-Score für psychogene Störungen sowohl
a) inhaltlich relevant für die epidemiologische Erhebung psychogener Störungen
b) als auch objektiv (intersubjektiv) zuverlässig.

Er stützt sich auf Tatsachen, welche jeder in der Klinik psychogener Erkrankungen Kundige zu beurteilen versteht. Die Anleitung zur Handhabung der drei Merkmaldimensionen ist soweit präzisiert, daß befriedigende Reliabilitätswerte zu erzielen waren. Dies kommt in einem Koeffizienten von Kappa = .79 zum Ausdruck.

Die Validität ist eindeutig die eines Expertenurteils, für welches die gründliche klinische Erfahrung der Interviewer, überprüft und abgestimmt im Ratertraining, zu garantieren hat.

Wie erläutert, sind psychogene Störungen von Krankheitswert, welche in den Bereich des Gesunden fließend übergehen, durch die Festlegung einer Grenzmarke zu definieren. Dieser „Cut-off-point" der Falldefinition wurde beim Beeinträchtigungsschwere-Score zwischen den Punktwerten 4 und 5 gelegt: Wird einem Probanden eine Punktsumme von 5 und mehr zugesprochen, so zählen wir ihn als Fall. Ein Gesamtbeeinträchtigungswert von 5 liegt etwas unter dem Durchschnittswert der chronifizierten Neurosen aus dem Erfahrungsbereich der psychotherapeutisch-psychosomatischen Ambulanz sowie stationärer Behandlungseinrichtungen. Damit kommt dieser Cut-off-point dem möglichen Einwand einer zu weiten Definition psychogener Störungen von

Krankheitswert zuvor. Die Fallgrenze ist so eng gezogen, daß auch Probanden mit einem Punktwert von 4, sofern sie sich an den niedergelassenen Psychiater oder Psychotherapeuten bzw. an eine Institutionsambulanz wenden, keineswegs als unbeeinträchtigt oder zu leicht gestört abgewiesen werden könnten. Vielmehr bestünden gute Aussichten auf Genehmigung entsprechender Psychotherapieanträge durch die Krankenkassen. So beeindruckend hoch auch die Fallrate des Mannheimer Kohortenprojektes ausfällt, kann deshalb dem Projekt nicht entgegengehalten werden, man sei mit dem gesundheitspolitisch doch recht heiklen Gegenstand der Fallfindung im Bereich psychogener Störungen inflationär umgegangen.

3. Beurteilung der „frühkindlichen Belastung"

Hier schildern wir die Beurteilung der frühkindlichen Belastung der Probanden des Mannheimer Kohortenprojektes. Darin nimmt diese Einschätzung bei weitem nicht jene zentrale Stellung ein wie etwa der Beeinträchtigungs-Score durch psychogene Beschwerden. Vielmehr handelt es sich, wie schon oben bei der Schilderung des Untersuchungsaufbaus erwähnt, um eines jener 25 komplexen Ratings, welche der Untersucher ganz zum Ende der Interviewauswertung, nachdem bereits der Klartext erstellt und der EDV-Bogen weitgehend ausgefüllt ist, in Gesamtwürdigung aller Informationen über einen Probanden als globales Urteil abzugeben hat. Es handelt sich also um ein Expertenurteil, das im Gegensatz zum Beeinträchtigungsschwere-Score nicht beanspruchen darf, von psychogenetischen und psychodynamischen Vorannahmen weitgehend frei zu sein. Im Gegenteil liegt gerade dem Rating „frühkindliche Belastung" als implizites Schätzmodell das neurosenpsychologische Wissen unserer tiefenpsychologisch-psychoanalytisch weitergebildeten Interviewer zugrunde:

Der Score „Gesamtbeurteilung der frühkindlichen Belastungsfaktoren in den ersten sechs Lebensjahren" soll zusammenfassend alle frühkindlichen äußeren und inneren Belastungen beurteilen. Er muß selbstverständlich auf den Angaben des Probanden beruhen und nicht auf dem rückschließenden Urteil des Untersuchers von einer gegenwärtigen Gestörtheit auf eine spekulativ aus theoretischen Gründen zu fordernde frühkindliche Belastung. Neben äußeren Fakten, etwa Elterndefiziten, Elternpathologie, Belastung durch Geschwister, Krankheit, Armut, Isolierkontakte usw., sind als innere Belastung glaubhaft berichtete Erlebnisse der Benachteiligung, der Demütigung, der Gefährdung, der Unerwünschtheit des Probanden u. ä. in Rechnung zu stellen. Auch dieses Rating hat auf den Stufen 0 bis 4 zu erfolgen: Die Ankerbeispiele aus den Anweisungen für die Interviewer mögen die Stufen der Gesamtbeurteilung der frühkindlichen Belastung bis zum sechsten Lebensjahr inhaltlich beschreiben:

Stufe 0 (keine Belastung): Proband war Wunschkind. Beide Eltern vorhanden. Vater berufstätig und gut verdienend. Mutter Hausfrau. Beziehung der Eltern zueinander, soweit übersehbar, harmonisch. Keine weiteren Geschwister (Alternative: ein gegengeschlechtliches Geschwister, drei Jahre älter, ohne besondere Rivalitäten, Spannungen oder Bevorzugungen).

Stufe 1 (geringfügige Belastung): Wunschkind; Vater während der ersten zwei Lebensjahre des Probanden in Gefangenschaft (= Kollektivschicksal). Mutter mit dem Probanden bei den Großeltern evakuiert, lebte dort mit ihm in einer abgeschirmten und gesicherten Atmosphäre. Kontakte mit Spielkameraden auf dem Lande; Proband erinnert sich aber auch an gelegentliche Hänseleien durch die Dorfkinder, denen er als Städter (Flüchtling, Auswärtiger) ausgesetzt war.

Stufe 2 (deutliche Belastung): Voreheliche (und vermutlich zu der Zeit nicht erwünschte) Geburt. Vater studierte noch; Mutter berufstätig; Großmutter hilft bei der Betreuung des Kleinkindes. Heirat der Eltern nach Studienabschluß des Vaters, als der Proband zwei Jahre alt ist. Ab dann Mutter zu Hause. Geordnete Wohnverhältnisse. Als Proband vier Jahre alt: erwünschte Geburt einer Schwester; Proband entsinnt sich, daß er auf das Ereignis angemessen vorbereitet wurde und die Eltern Verständnis für seine vorübergehend aufkommende Eifersucht aufbrachten.

Stufe 3 (starke Belastung): Proband ist unerwünscht, aber ehelich geboren. Bis zum Kriegsende war Vater noch abwesend und in Gefangenschaft (0. bis 1. Lebensjahr des Probanden). Danach kommt er jedoch nicht zur Familie zurück, hat auswärts eine Freundin. Vater und Mutter haben sich entfremdet (1. bis 3. Lebensjahr des Probanden). Proband lebt in den ersten drei Jahren bei der überwiegend berufstätigen Mutter, tagsüber wird er von der Tante mütterlicherseits versorgt. Dann versöhnen sich die Eltern, Mutter kehrt mit dem Probanden zum Vater zurück und beginnt im Geschäft mitzuarbeiten. Der Proband ist tagsüber im Kindergarten und zum Teil in anderer Fremdpflege (3. bis 5. Lebensjahr des Probanden). Als Proband fünf Jahre alt ist, erfolgt die seitens der Eltern erwünschte Geburt eines jüngeren Bruders, der sofort und in der Folgezeit vom Vater sehr bevorzugt wird. Bald danach erkrankt die Mutter ernstlich (Karzinom) und stirbt einige Jahre später.

Stufe 4 (extreme Belastung): Unehelich; Vater unbekannt. Im ersten Lebensjahr des Probanden schwere Erkrankung der Mutter. Proband wird anfangs von Großmutter versorgt, dann ins Heim (1. bis 4. Lebensjahr), Krankenhausaufenthalt wegen unklarer abdomineller Beschwerden. Proband kommt dann zur Mutter zurück, die inzwischen einen anderen Mann geheiratet hat. Der Stiefvater ist Alkoholiker. Ein halbes Jahr später erfolgt wegen Kindesmißhandlung durch diesen Stiefvater erneute Heimeinweisung bis zum siebenten Lebensjahr.

So sehr auch zu wünschen wäre, muß ein umfangreiches Forschungsvorhaben wie das Mannheimer Kohortenprojekt auf ein mehrfach wiederholtes Interrater-Training für alle Variablen, hier wären es 1200 gewesen, verzichten. Das bleibt entscheidenden Kernvariablen des Gesamtprojektes vorbehalten, ganz speziell jenen Operationalisierungen, die zur Fallidentifikation führen.

Deshalb erfolgte für unsere Zwecke eine Zweiteilung des Ratings der frühkindlichen Belastung in niedrige und hohe Werte, wobei die sehr stark besetzte Mittelklasse (38,5 % der Probanden, die den Ausprägungsgrad 2, also eine *deutliche* frühkindliche Belastung aufwiesen) aus der weiteren Betrachtung eleminiert wurde. Dieser Verzicht auf einen beachtlichen Teil der Information schien notwendig, da gerade in dieser mittleren Kategorie frühkindlicher Belastung ein weiträumiges Überlappen der Hoch- und Niedrigbelastung sehr wahrscheinlich wäre. – Nach dieser Umgestaltung des Ratings erbrachte eine Reliabilitätsstudie mit sieben Interviewern einen Koeffizienten Kappa = 1.0. Dieser hohe Wert war nur durch Aussonderung des mittleren frühkindlichen Belastungsgrades zu erreichen und berechtigt zu der Annahme, daß für unsere beiden Extremgruppen (niedrige bzw. hohe frühkindliche Belastung) keine Fehlplazierung erfolgt sein dürfte.

4. Traumatische Kinderzeit und prospektive Aspekte

Die Skizze des Mannheimer Kohortenprojektes sollte verdeutlichen, daß die darin erhobenen Daten es erlauben, unsere besondere Fragestellung nun weiter voranzutreiben. Letztlich wird dabei die Bedeutung der „stabilen, positiven Bezugsperson" für das frühe psychische und soziale Gedeihen solcher Kinder, die unter global schlechten Entwicklungsbedingungen aufwachsen mußten, auf den Prüfstand der Empirie kommen.

In Kapitel I, 2 wurde die These entfaltet, daß die stabile Präsenz einer liebevollen Bezugsperson während der frühen Kindheit die Gruppe der „Unbesiegbaren" gegenüber jenen Probanden auszeichnet, die bei gleichfalls desolater Kindheit erwartungsgemäß scheitern (s. Kapitel I, 1). Übertragen wir das auf die obigen Darlegungen (s. Kapitel II, 1–3), so können wir *zwei Gruppen* unter den Probanden des Mannheimer Kohortenprojektes ausmachen, die sich zur Untersuchung unserer Fragestellung anbieten. Beide blicken nach dem komplexen Rating des Interviewers auf ein in gravierendem Maße schlechte Kindheit zurück (zum Procedere dieser Beurteilung s. Kapitel II, 3).

a) Probanden, die wir der Gruppe A zurechnen wollen, weisen einen Score der Beeinträchtigungsschwere durch psychogene Störungen (modifiziert nach *Schepank,* 1982) für das vergangene Jahr von höchstens 3 Punkten auf. Sie beweisen damit für diesen längeren Zeitraum eine durchschnittliche psychosoziale und psychosomatische Stabilität, die zumindest nach klinischen Gesichtspunkten keine psychotherapeutische Krankenbehandlung rechtfertigen würde. Vielmehr können solche Probanden in befriedigendem Maße den Erfordernissen ihres Lebens selbständig gerecht werden. – Natürlich bleibt von dieser Fragestellung unberührt, daß auch sie, wie die meisten anderen Menschen, aus der Teilnahme an einem psychotherapeutischen Prozeß im Sinne der Selbsterfahrung und des persönlichen Wachstums hohen Nutzen ziehen könnten.

Einige holzschnittartige Beispiele (je eine Frau und ein Mann pro Geburtsjahrgang) sollen illustrieren, welche Menschen wir in der Extremgruppe A vorfinden. Um ihre Anonymität zu wahren, bleibt die Schilderung speziell der konkreten Lebensdaten zwangsläufig etwas diffus.

Beispiele

1. 45jährige Frau, verheiratet, mehrere Kinder, ruhige Wohngegend, Reihenhaus, Garten, zusammen mit der Familie lebt ihre alte Mutter. Derzeit Krankschreibung aufgrund einer schweren Kieferhöhlenentzündung, Penicillinbehandlung, in den letzten Tagen deutliche Besserung. – Ansonsten Wirbelsäulenbeschwerden, ca. einmal monatlich. Gelenk- und Gliederschmerzen im rechten Arm treten ca. zwei- bis dreimal jährlich auf. Seit 15 Jahren einmal monatlich Nacken- und Schulterschmerzen. Im Vergleich zu

früher sei die alte Leistungsfähigkeit einer gewissen Mattigkeit gewichen. Angesichts der umfangreichen Aufgaben, welche die Probandin ihr Leben lang bis heute bewältigt, wundert das nicht. Ungefähr viermal im Jahr kommt es zu kurzfristigen depressiven Verstimmungen, die sich in einem Gefühl des Selbstunwertes und des Selbstmitleids äußern. Eine Rattenphobie besteht seit Kindheit, jedoch wurde die Probandin seit Jahren mit keiner Ratte mehr konfrontiert. Filme über Rattenversuche lösen keine Angstreaktion bei ihr aus.

2. 45jähriger Mann, verheiratet, Angestellter, ein Sohn, lebt in einem Mehrfamilienhaus nahe der Innenstadt. – Deutliche Herz-Kreislauf-Symptomatik bei labilem Bluthochdruck und Herzrhythmusstörungen werden seit sechs Monaten nicht mehr medikamentös behandelt. Kopfschmerzen bestehen seit der Kindheit, einmal im Monat drei bis vier Tage lang. Einmal wöchentlich deutliche Schulter-Nacken-Beschwerden. Gehemmte Kontaktaufnahme seit der Schulzeit, Neigung zu Einzelgängerei und Beklemmungen in großen Menschenmengen sowie im Flugzeug. Der Proband vermeidet seit vielen Jahren zu fliegen. Seit einem bis zwei Jahren Konzentrationsstörungen im Sinne einer gesteigerten Ablenkbarkeit. Verstopfung seit zehn Jahren.

3. 35jährige Frau, geschieden, lebt in fester Partnerschaft, zwei Kinder, arbeitet als Reinemachefrau. – Seit vielen Jahren ca. zweimal monatlich depressive Verstimmungen im Anschluß an aggressive Auseinandersetzungen, in denen sie sich selbst als zu gereizt und zu aggressiv erlebt. Dies tue ihr im nachhinein sehr leid. Lebenslang kein Orgasmus, wenngleich sexueller Kontakt befriedigend erlebt wird. Maikäferphobie seit Kindheit, ohne die Probandin zu beeinträchtigen. Ekel vor Spinnen und Mäusen sowie die Tendenz, dunkle Räume zu meiden.

4. 36jähriger Mann, verheiratet, zwei Kinder, qualifizierte technische Ausbildung, Meisterschule, leitende Stellung. Jugendliche, fröhliche Erscheinung, vielleicht etwas zu großspurig. Mietwohnung, freundliche, gemütliche Atmosphäre. Es gehe ihm sehr gut, so der Proband, er habe keinerlei körperliche Störungen, ganz gelegentlich Kopfschmerzen. Aufgrund außerehelicher Beziehungen des Probanden Partnerschaftskonflikt. Keine seelischen Beeinträchtigungen.

5. 27jährige Frau, in zweiter Ehe verheiratet, Verkäuferin, derzeit Hausfrau. Dreizimmer-Appartment in ruhiger Wohnlage. Einige phobische Reaktionen auf Spinnen und Schlangen, die aber im Alltag keine Rolle spielen. Neben der Neigung zu „Heuschnupfen" trat im vergangenen Jahr eine Putzmittelallergie auf, derentwegen sie eine Stelle als Putzfrau aufgeben mußte. Funktionelle Herzbeschwerden bei Angstgefühlen oder aggressiven Auseinandersetzungen. Seit einem Jahr kommt es in der Ehe zu Spannungen über den fünf Jahre alten Sohn aus der ersten Beziehung, der vom jetzigen Mann nicht voll akzeptiert wird. Dies erlebt die Probandin derzeit nicht sonderlich bedrohlich und belastend, äußert indessen Bedenken, es könnte zu einer Zuspitzung kommen.

6. 26jähriger, verheirateter Mann, kinderlos, wohnt zur Miete in einem Mehrfamilienhaus mit Garten. Helle, neu eingerichtete Wohnung. Der Proband seinerseits wirkt gepflegt und gleichzeitig unauffällig. Quantitativ am stärksten fühlt sich der Proband von Kopfschmerzen beeinträchtigt, die seit zehn Jahren ca. zweimal jährlich auftreten und wohl mit Wetterumschwüngen zusammenhingen. Subjektiv beunruhigen ihn ziehende Schmerzen im Brustbereich, zweimal monatlich für jeweils eine Stunde. Kein internistischer Befund. Eine gewisse Mattigkeit nach der Arbeit, Reizbarkeit bei drohendem Zurückbleiben hinter dem selbstgesteckten Arbeitspensum, gelegentlicher Heißhunger.

Der Gruppe A stellen wir eine Gruppe B gegenüber, die bei gleichfalls schlechten Bedingungen ihrer frühen Kindheit im Durchschnitt des zurückliegenden Jahres schwere psychogene Störungen aufweist. Ihnen kommt ein Schweregrad der Beeinträchtigung von mindestens 6 Punkten zu.

Nach demselben Muster wie eben folgt jetzt die knappe Charakteristik von sechs Menschen der Gruppe B:

1. 45jährige, schwer alkoholkranke, lesbische Frau, seit 1,5 Jahren arbeitsunfähig. Bruderehe mit vermutlich homosexuellem Partner. Mit ihm lebt sie zerstritten in einer billigen Mietwohnung in sozial randständiger Umgebung. Sie ist äußerlich erschreckend vorgealtert, vom Alkohol gezeichnet. Dementsprechend chaotisch wirkt auch die Wohnung. Depressiv, verzweifelte Stimmung, vielfache vegetative Beschwerden. Während des Interviews trinkt sie eine Flasche Bier. Immer wieder Weinkrämpfe und aggressive Ausbrüche. Gleichzeitig massive Konzentrationsstörungen.

2. 45jähriger Hilfsarbeiter, Junggeselle, lebt im Elternhaus (dörfliche Umgebung, ehemaliges Bauernhaus), von der Schwester versorgt. Wohnung deutlich verwahrlost. Der Proband ist während des Gesprächs alkoholisiert und begegnet dem Untersucher zwiespältig in einer zugleich unterwürfigen wie auch aggressiv bedrohlichen Haltung. Da das Interview durch Streitereien mit der Schwester des Probanden immer wieder unterbrochen wird, verlagert man den Gesprächsort in eine Zuhälterkneipe. Lebensgefühl der Sinn- und Hoffnungslosigkeit. Appetitmangel, Schlafstörungen, soziale Isolation, Suizidgedanken. Am Ende führt der Proband den Untersucher noch in sein kaltes, schmuddeliges Schlafzimmer, wo er ihm auf einem Musikinstrument mit einiger Fertigkeit eine Melodie vorträgt.

3. 35jährige, alleinstehende Frau, geschieden, kinderlos, Industriekaufmann. Interview in ihrem Einzimmer-Appartement, modern, freundlich, Stofftiere. Probandin macht forschen, zupackenden Eindruck, etwas herausfordernd, rivalisierend. Bringt dem Gespräch großes Interesse entgegen. Außerordentlich vielfältige Symptome im Rahmen eines ausgeprägten psychovegetativen Allgemeinsyndroms. Spannungskopfschmerzen bis zur Migräne. Hartnäckige Verstopfung, im letzten Jahr Magengeschwür, früher asthmatische Anfälle, Durchschlafstörungen mit Früherwachen, Zwangsritual beim Verlassen der Wohnung, starke Temperaturempfindlichkeit, extrem schwankendes Eßverhalten, nervöse Schluckbeschwerden, Hautaus-

schläge mit Juckreiz, Herzstiche, Angst- und Schwindelanfälle, Schulter-
und Nackenschmerzen. – Nachdem der Ehemann sich an ihrem Geburts-
tag vor einigen Jahren von ihr trennte, da er von ihr „die Schnauze voll"
hatte, schwerer Suizidversuch mit unbekannter Anzahl von Tabletten.
Auch in den vergangenen Jahren immer wieder Suizidgedanken, verbunden mit Erlösungsfantasien. Derealisationserlebnisse, häufig depressive
Verstimmungen, Weinen, Einsamkeitsgefühle, wobei die Probandin auto-
aggressiv ihren Kopf gegen die Wand schlägt. Leichte Hundephobie sowie Agoraphobie im Großraumbüro. Zwischenmenschlich Partnerschafts-
konflikte, schizoide Angst vor Menschen, insbesondere vor Männern,
Angst vor der männlichen Kollegenschar, außerordentliche Reizbarkeit
und Kränkbarkeit. Erhebliche Schwierigkeiten mit Vorgesetzten. Bis vor
einem Jahr Beziehung zu einem verheirateten Mann ohne das Gefühl der
Geborgenheit. Die tägliche Begegnung mit diesem ehemaligen Partner am
Arbeitsplatz wird belastend erlebt.

4. 35jähriger Mann, verheiratet, ein Kind, Facharbeiter; gemütliche Mietwohnung. Depressive Verstimmung im Anschluß an von ihm durch unzu-
reichende Beaufsichtigung verschuldeten Tod seines Kindes vor wenigen
Jahren. Anschließend psychiatrische Behandlung wegen Angstgefühlen,
Selbstvorwürfen und eines psychovegetativen Allgemeinsyndroms. Gleichzeitig Magengeschwür, Zwangsgrübelei, Schuldgefühle, starke innere Unruhe und unbeherrschbares Weinen. Zwei Jahre nach dem Vorfall eine
Fehlgeburt, schließlich die Geburt eines weiteren Kindes. Danach hätten
sich die Beschwerden gebessert, seien allerdings in weniger starker Ausprägung immer noch vorhanden. Ferner Schwächegefühl infolge von Schicht-
arbeit und beruflicher Unzufriedenheit bei berufsfremder Tätigkeit, Veränderungen wären aber zwangsläufig mit finanziellen Einbußen verbunden.
Früher regelmäßig, heute am Wochenende Alkoholabusus. Proband sei
„von Natur aus" leicht aufgeregt, etwa wenn seine Frau zu verschwende-
risch sei. Kreuz- und Rückenschmerzen, übermäßiges Schlafbedürfnis;
Durchfälle. Täglich 20 Zigaretten. Konzentrations- und Leistungsstörun-
gen, leichte Kontrollängste, Zukunftsängste.

5. 26jährige Frau, verheiratet, Verkäuferin, sozial randständige Wohnlage. Interview findet in einer sehr einfachen und chaotischen Wohnung in
Anwesenheit der Schwester der Probandin und ihres Freundes statt, beide
recht unbeteiligt. Gelegentlich kurze Wortgefechte zwischen der Probandin und ihrer Schwester, wenn sie beide angehende Sachverhalte angespro-
chen werden. Seit sechs Jahren herzneurotische Beschwerden, erstmalig
drei Monate nach einer Fehlgeburt. Nach vorübergehendem Abklingen
treten sie seit drei Jahren fast täglich auf. Daher siebenwöchiger Aufenthalt
in einer psychosomatischen Klinik. Danach etwas Besserung. Dennoch
weiterhin täglich Herzrasen, Angst und Erstickungsgefühle. Gelegentliches autogenes Training bringt etwas Erleichterung. Weitere Besserung
nach Uterusentfernung. Danach traten die Beschwerden nur noch zwei- bis
dreimal wöchentlich auf. Ferner Schlafstörungen, gelegentliche Einnahme

74

von Valium, stark ausgeprägte Konzentrations- und Arbeitsstörungen. Daran scheiterte auch vor einigen Monaten der Versuch, als Verkäuferin zu arbeiten. Erschöpfbarkeit und Energielosigkeit, Verstopfung seit Kindheit. Zwei- bis dreimal jährlich starke Magenbeschwerden. Schwindelgefühle, nahezu täglich Kopfschmerzen, innere Unruhe und Gespanntheit, Aggressivität im Umgang mit Kindern, Grübeleien über finanzielle Probleme und Gedanken an Scheidung. Kreuz- und Rückenschmerzen, vermehrtes Schwitzen, Frieren der Extremitäten. Täglich Juckreiz am ganzen Körper, gesteigert bei Nervosität. Seit Kindheit intensives Nägelknabbern. Gelegentliche Freßanfälle. Deutliches Übergewicht, Stottern bei Aufregung, lebenslange Frigidität, phobische Anwandlungen in öffentlichen Fahrzeugen, vor Dunkelheit, vor Höhe, Angst vor Spinnen und anderen Insekten.

6. 24jähriger, unverheirateter Hilfsarbeiter, lebt in kirchlichem Männerwohnheim. Kleinwüchsiges, athletisches Äußeres. Chaotischer Wohnraum, ein „Loch", so der Proband, voller deutschnationaler Embleme sowie Plakate von Rockgruppen. Ausgeprägte berufliche Schwierigkeiten. Abgebrochene Kfz-Mechaniker-Lehre aufgrund einer kriminellen Entwicklung des Bruders im gleichen Betrieb. An den späteren Hilfsarbeiterstellen regelmäßig Auseinandersetzungen mit Vorgesetzten, auf welche der Proband bald seinen Haß richtet. Diese Leute hätten ihm eine Lehre vorenthalten. Gleichzeitig starke Tendenz zu Leistungsverweigerung aus dem Gefühl, sich wehren zu müssen. In den vergangenen drei Jahren sechs Monate Krankschreibung. Ernste hypochondrische Sorgen, durch Arbeit seiner Gesundheit zu schaden. Krankschreibung meist wegen Hauterkrankung. Starke innere Unruhe, morgendliche Niedergeschlagenheit, Kontaktstörungen, Drogengefährdung, drohendes kriminelles Abgleiten in Schlägergruppen, Alkoholprobleme. Grübeleien und Zukunftsängste, gelegentliche Übelkeit, Sehstörungen, Herzbeschwerden und Durchfälle. Starke Hemmungen gegenüber dem weiblichen Geschlecht, vor drei Jahren habe er eine Partnerin „an die Luft gesetzt" und seitdem keine mehr gehabt.

Weil zwischen diesen beiden Extremgruppen der klinisch ausgesprochen relevante Mittelbereich psychogener Störungen mit einer Belastungsschwere von 4 und 5 liegt, dürften Fehlplazierungen eines Probanden etwa in die Extremgruppe A, obwohl er „in Wahrheit" zur Extremgruppe B gehört, praktisch auszuschließen sein. Die statistische Bestätigung hierfür gibt ein Reliabilitätswert von Kappa = 1.0 als Ausdruck dafür, daß sieben Interviewer des Kohortenprojektes Probanden mit schweren psychogenen Störungen und solche mit keinen oder nur leichten Beeinträchtigungen eindeutig voneinander trennen konnten.

Tabelle 1 zeigt die Stellung der Gruppen A und B im Gesamt des epidemiologisch beforschten Kollektivs. Wie zu entnehmen, sind die Gruppen A und B *zufällig* beide mit je 20 Probanden besetzt.

Diese 40 Menschen machen nur 6,8% der gesamten Stichprobe aus. Hinsichtlich des Neurosenschwere-Scores zählt die Gruppe A zu den knapp 45%, die als recht gesunde Probanden nur eine psychogene Belastung von max. 3 Punkten aufweisen, die Gruppe B aber zu den 20% mit der höchsten Belastungsschwere. Dazwischen liegen immerhin 35% des Kollektivs mit einem mittleren Grad der psychogenen Belastung, die unsere Gruppen A und B gegen wechselseitige Fehlplazierungen „abpuffern".

Tabelle 1: Zusammenhang der durchschnittlichen Schwere der Beeinträchtigung durch psychogene Störungen während der vergangenen zwölf Monate mit der Schwere der frühkindlichen Belastung (Vorschulzeit) an 595 Probanden des Mannheimer Kohortenprojektes

frühkindliche Belastung	Durchschnittliche Schwere der Beeinträchtigung durch psychogene Störungen:			
	0–3	4–5	6–12	
0–1	174 29,2%	99 16,6%	30 5,0%	303 50,9%
2	71 11,9%	89 15,0%	70 11,8%	230 38,7%
3–4	20 3,4% *Gruppe A*	22 3,7%	20 3,4% *Gruppe B*	62 10,4%
	265 44,5%	210 35,3%	120 20,2%	595[1] 100%

[1] 5 der 600 Probanden des Gesamtprojektes hatten keine Einstufung ihrer frühkindlichen Belastung erhalten.

Hinsichtlich ihrer globalen frühkindlichen Belastung gehören beide Gruppen zu den 10% bis 11% aller Probanden, welche in ihrer Vorschulzeit den schlechtesten Entwicklungsbedingungen ausgesetzt waren. Damit dürfte ebenfalls die Gefahr ausreichend abgewehrt sein, daß fälschlicherweise Probanden mit einer durchschnittlichen oder gar glücklichen Kindheit in die Gruppen A und B Eingang fanden.

Das *Verhältnis der Geschlechter* beträgt in beiden Gruppen ca. 1:1 und stimmt darin mit der Gesamtstichprobe (N = 600) überein: Dort findet sich eine Relation von 1:1.08 zwischen Männern und Frauen. Trennt man jedoch die Gesamtstichprobe auf und betrachtet die Unterstichproben mit einem Beschwerde-Score für die vergangenen zwölf Monate von 0 bis 3 (unmittelbarer Vergleich zur Gruppe A) und über 5 (unmittelbarer Vergleich zur Gruppe B), so ergeben sich die folgenden Verhältnisse:

a) Eine Beeinträchtigungsschwere durch psychogene Störungen von 0 bis 3 Punkten wiesen für die Prävalenzperiode der zurückliegenden zwölf Monate in der Gesamtstichprobe des Mannheimer Kohortenprojektes 170 Männer und nur 97 Frauen (insgesamt 267 Personen) auf.

b) Unter einem Schweregrad der Beeinträchtigung zwischen 6 und 12 Punkten finden sich 47 Männer gegenüber 74 Frauen (insgesamt 121 Personen).

Von diesen Zahlenverhältnissen einschließlich des bedeutsamen Umschlages im Geschlechterverhältnis (p = .0001) heben sich zunächst nach Augenschein unsere Stichproben A und B ab. Dieser Unterschied erweist sich aber bei statistischer Nachprüfung als nicht signifikant. Kurzum scheinen sowohl die Probanden der Gruppe A als auch die der Gruppe B bezüglich des Geschlechterverhältnisses nicht überzufällig von jenen Probanden der Gesamtstichprobe zu differieren, die mit aktuellen psychogenen Beschwerden gleichermaßen stark belastet sind, aber eine weniger starke frühkindliche Traumatisierung aufweisen.

Wenn auch die Verteilung der *Geburtsjahrgänge* im unmittelbaren Vergleich keine signifikanten Unterschiede zwischen den Gruppen A und B zutage fördert, so verwundert doch die Häufung des Jahrganges 1945 in der Gruppe A (Tabelle 2). Gegenüber der Altersverteilung in der gesamten Restgruppe (N = 580) stoßen wir in der Gruppe A auf eine abweichende Häufung der Probanden des Jahrgangs 1945, die mit einer Irrtumswahrscheinlichkeit von p = .035 in den Bereich der Signifikanz fällt.

In den Einzelkasuistiken stößt man bei den zwölf Probanden der Gruppe A aus dem Jahrgang 1945 ausnahmslos auf den mehr oder weniger stark ausgeprägten zeitgeschichtlichen Effekt der Nachkriegswirren: Die Familien wurden im Sinne eines Kollektivschicksals entwurzelt, zerrissen und/oder zerbrachen unter der Bela-

Tabelle 2: Das Verhältnis der Jahrgangskohorten in Gruppe A und dem Rest der Gesamtstichprobe (N = 580 Probanden)

	Jahrgang 55	Jahrgang 45	Jahrgang 35	
Gruppe A	4 $\longrightarrow$	12 $\longleftarrow$	4	20 = 3.33%
Restgruppe	198	187	195	580 = 96.6%
	202 33.76%	199 33.17%	199 33.17%	600 = 100%

phi = .106
p = .035

stung, während in den jeweils vier Fällen der Jahrgänge 1935 und 1955 die individuellen Schicksale breiter variieren. Wir dürfen festhalten: Nur in der Gruppe A, nicht aber in der Gruppe B, häufen sich Probanden des Jahrganges 1945.

Ein signifikanter Zusammenhang zeichnet sich ferner im unmittelbaren Gruppenvergleich für die Variable der *sozialen Schicht* mit der Zugehörigkeit zu einer der Extremgruppen ab: die psychisch gesunden Probanden der Gruppe A zählen ungeachtet ihrer schweren Kindheit heute zu den Mittel- und Oberschichten, während die seelisch beeinträchtigten Probanden der Gruppe B sich überwiegend in den beiden Unterschichten ansammeln (Tabelle 3).

Tabelle 3: Vergleich der Gruppen A und B nach Geschlecht, Geburtsjahrgang und sozialer Schicht (für die drei ersten Variablen wird der korrelative Zusammenhang „phi +18" und dessen Signifikanzniveau angegeben) sowie die genaue Einstufung der Schwere ihrer psychogenen Beeinträchtigung während der zurückliegenden 12 Monate

	Gruppe A N = 20		*Gruppe B* N = 20
Geschlecht phi = .05 p = ∅	10 × 10 ×	weiblich männlich	11 × 9 ×

	Gruppe A N = 20		Gruppe B N = 20
Geburts- jahrgang:	4 ×	1935	7 ×
phi = 0.21	12 ×	1945	8 ×
p = ∅	4 ×	1955	5 ×
soziale Schicht: phi = 0.495	2 ·	untere Unterschicht	6 ×
p = .02*	3 ×	obere Unterschicht	9 ×
	10 ×	untere Mittelschicht	4 ×
	5 ×	obere Mittel- und Oberschicht	1 ×
Schwere der aktuellen psychogenen Beeinträchti- gung:	0: 0 × 1: 1 × 2: 3 × 3: 16 ×		6:7 × 7:9 × 8:0 × 9:1 × 10:1 × 11:1 × 12:1 ×

Analysiert man weiter und bezieht die Variable „Geburtsjahrgang" mit ein, so wird der Zusammenhang zwischen der Gruppen- und der aktuellen Schichtzugehörigkeit gleichmäßig von allen drei Altersstufen getragen.

Anders verhält es sich mit der Variablen der *Geschlechtszugehörigkeit:* Hier korrellieren soziale Schicht und Zugehörigkeit zur Gruppe A oder B nur bei den Frauen in signifikanter Ausprägung (p = .03), während die Zahlen für die Männer diesbezüglich lediglich eine Tendenz in dieselbe Richtung aufweisen (Tabelle 4).

Die Dinge komplizieren sich durch die Tatsache, daß gemäß der Definition von *Kleining* und *Moore* (1968) der soziale Status eines Probanden entscheidend durch den beruflichen Status des Familienernährers bestimmt wird. Während die Männer in den Gruppen A und B sich und ihre Familien oder auch nur sich selbst wirtschaftlich aus eigener Kraft unterhalten und deshalb ihr sozialer Status sich aus ihrer Berufstätigkeit ableitet, sind die Frauen beider

Tabelle 4: Die soziale Schicht der Probanden nach *Kleining* und *Moore* im Zusammenhang mit den Gruppen A oder B, getrennt nach Geschlechtern (für die Frauen in Klammern die durch eigenständigen Berufserfolg erreichte soziale Schicht)

	untere Unterschicht	obere Unterschicht	untere Mittelschicht	obere Mittel- und Oberschicht	
A Frauen	1 (4)	0 (1)	7 (5)	2 (0)	phi = .67
B	3 (4)	5 (6)	3 (1)	0 (0)	p = 0.03
A Männer	1	3	3	3	phi = .40
B	3	4	1	1	p = .38

Gruppen in der Regel verheiratet. Unseren gesellschaftlichen Verhältnissen entsprechend, reflektiert ihr sozialer Status zumeist nicht die eigene, sondern die berufliche Tätigkeit des Ehemannes. Dies aber legt einen nach Geschlechtern getrennten Vergleich der beiden Gruppen hinsichtlich des selbständig erreichten beruflichen Status nahe. In Tabelle 4 wird der aus eigener Kraft erreichte berufliche Status der Frauen in Klammern mit angeführt. Nun nivellieren sich die Verhältnisse: Ein leichter Trend in der Gruppe A spricht für eine bessere berufliche Ausbildung der Männer gegenüber den Frauen. In der Gruppe B dagegen läßt sich der berufliche Status gemäß der eigenen beruflichen Qualifikation der männlichen und weiblichen Probanden nicht weiter sinnvoll aufschlüsseln.

Damit löst sich der gute soziale Erfolg der Frauen in der Gruppe A als Effekt ihrer höheren Attraktivität bei der Partnersuche auf. Berücksichtigen wir das, so bleibt allein ein Trend zu besserem sozialem Erfolg für die Gruppe A insgesamt bestehen, wobei die Männer hinsichtlich des aus eigener Leistungskraft bewirkten beruflichen Erfolges leicht vor den Frauen der Gruppe A rangieren. Selbstverständlich darf die Interpretation dieses Sachverhaltes einen geschlechtsspezifischen Sozialisationseffekt nicht übersehen: Während für die Männer sozialer Erfolg letztlich nur durch berufliche Leistung zu bewerkstelligen ist, gilt – und galt für die Vergangenheit noch mehr als heutzutage –, daß Frauen ihren sozialen

Aufstieg weniger durch eigene berufliche Leistung als durch eine optimale Partnerwahl bewerkstelligen. Deshalb schließen unsere Daten keineswegs die Möglichkeit eines höheren, eigenständig erreichten sozialen Prestiges auch für die Frauen der Gruppe A aus, sofern soziale Leitbilder diese Strategie des Zugewinns an sozialem Prestige vorgegeben hätten.

Die geschlechtsspezifische Differenzierung des sozialen Prestiges in Gruppe A und B, zusammen mit der Unterscheidung nach „erarbeitetem" und „erheiratetem" sozialen Status, enthält bereits die Warnung vor einer übereilten soziogenetischen Interpretation des sozialen Unterschiedes zwischen den Gruppen A und B. Da es sich nämlich nur um den aktuellen Status der psychisch gesunden und psychisch kranken Probanden handelt, besitzen wir noch keinen Anhalt dafür, welchen sozialen Schichten die einzelnen Probanden entstammen. Es bleibt demnach völlig offen, ob die seelische Erkrankung der Probanden in der Gruppe B kausal mit einer primären sozialen Benachteiligung in Verbindung gebracht werden kann oder ob nicht vielmehr die „Drift-Hypothese" im Recht ist, nach der psychosozial kompetente Personen im allgemeinen sozial weiter aufsteigen und die seelisch Kranken gegenüber der Herkunftsschicht absinken.

Schließlich wenden wir uns den ICD-Diagnosen (WHO, 8. Rev.) unserer Probanden in den Extremgruppen A und B zu (Tabelle 5).

Tabelle 5: Auflistung der ICD-Diagnosen (WHO, 8.Rev.) für die Extremgruppen A und B

Gruppe A		*Gruppe B*
–	300.0: Angstneurose	1 x
–	300.1: hysterische Neurose	2 x
–	301.1: cyclothyme Persönlichkeit	1 x
–	301.2: schizoide Persönlichkeit	1 x
–	301.4: anankastische Persönlichkeit	2 x
–	301.7: antisoziale Persönlichkeit	1 x
–	301.8: andere Persönlichkeitsstörung	2 x
–	303.1: gewohnheitsmäßiger Alkoholmißbrauch	1 x
–	303.2: chronischer Alkoholmißbrauch	1 x
1	305.0: psychosomatische Störungen der Haut	1 x
1	305.1: der Muskulatur u. des Skelettsystems	2 x
1	305.5: des Magen-Darm-Traktes	2 x
1	305.6: des Urogenitalsystems	–

Gruppe A		Gruppe B
–	305.9: andere psychosomatische Störung	1 x
–	306.4: Schlafstörungen	1 x
–	306.8: Kopfschmerzen	1 x

N = 4 Prob. N = 20 Prob.

Definitionsgemäß erhielten alle Probanden der schwergestörten Gruppe B eine ICD-Diagnose, aber auch vier Probanden der Gruppe A, in die nur klinisch noch gesunde Probanden eingehen. Diesbezüglich sei daran erinnert, daß die Probanden der Gruppe A gar keine oder nur recht leichte Störungen deutlich unterhalb der Fallgrenze umfaßt. Das schließt nicht aus, daß die einzelnen Probanden aus der Gruppe der Gesunden zum Zwecke der Charakterisierung ihres leichten Beschwerdebildes eine ICD-Diagnose entsprechend den klinischen Gewohnheiten des Untersuchers zugeteilt wurde. Immerhin erhielten 50,6% aller Probanden aus dem Mannheimer Kohortenprojekt (N = 600) ICD-Diagnosen für die Prävalenzperiode der zurückliegenden sieben Tage. So tauchen denn auch in der Gruppe A derlei Typisierungen auf, und zwar ausschließlich aus dem psychosomatischen Spektrum funktioneller Störungen: eine rezidivierende allergische Reaktion der Haut, ein Schulter-Arm-Syndrom, eine rezidivierende Gastritis, eine funktionelle Sexualstörung (Alibidinie). Solche und ähnliche Syndrome sind als „Beschwerden der psychisch Gesunden" ubiquitär und trotz ihrer milden Ausprägung klinisch einzuordnen (*Hönmann* et al., 1981).

5. Die frühe Kindheit der Gruppen A und B im Vergleich einzelner Aspekte

Das vorangegangene Kapitel stellte die Gruppen A und B in ihrem gegenwärtigen Leben vor und wollte so erst einmal beschreiben, von welchen Menschen überhaupt die Rede ist.

Während die Kindheit aller Probanden in beiden Gruppen insgesamt hochgradig belastet war, kamen noch keine Einzelaspekte zur Sprache, sieht man einmal davon ab, daß Geburtsjahr und Geschlecht eines Menschen natürlich auch Momente sind, die einen Teil seines frühkindlichen Schicksals (Vorschulalter) ausmachen. Gerade deshalb sollen Geburtsjahrgang und Geschlecht auch unten nochmals betrachtet werden.

Nachfolgend wollen wir die empirischen Resultate zu Einzelfaktoren der frühen Kindheit (KF), wie sie aus neurosepsychologischen Gründen in der Dokumentation der Forschungsinterviews ausdrücklich niedergelegt wurden, daraufhin betrachten, ob und wie diese Faktoren mit der Zugehörigkeit zu einer der Extremgruppen korrelieren. Mithin geht es zunächst in einer ganz eindimensionalen Betrachtungsweise immer wieder darum, inwieweit jeder einzelne der nachfolgenden Kindheitsfaktoren (KF) zwischen Gruppe A und B differenziert, obgleich die Kindheit aller in Frage stehenden Probanden hochbelastet war. Erst weiter unten versuchen wir eine (multivariate) Zusammenschau der Kindheitsfaktoren (KF), um einen Gesamtkontext aus den vielen Mosaiksteinen zu stiften. Dennoch mag schon die detaillierte Einzelbetrachtung der Kindheitsaspekte aufschlußreich sein.

Die Darstellung der Vierfelder-Korrelation erfolgt stets so, daß eine positive Korrelation auch einen positiven Zusammenhang zwischen der Zugehörigkeit eines Probanden zur Gruppe A (keine psychogene Erkrankung im Querschnitt der zurückliegenden zwölf Monate) und dem Zutreffen des jeweiligen Merkmals bedeutet. – Die einfache Vierfelder-Korrelation wird regelmäßig, sofern möglich, um den korrigierten „phi"-Koeffizienten ergänzt. Nur die korrigierten „phi"-Korrelationen sind unmittelbar miteinander zu vergleichen (*Clauß* und *Ebner,* 1979, S. 283 ff.). Sofern der Erwartungswert für eines der vier Felder unter N = 5 liegen sollte, kommt der exakte Fisher-Test (einseitig) zur Anwendung. Sein Wert wird mitgeteilt, wenn er für den korrelativen Zusammenhang eine Zufallswahrscheinlichkeit von höchstens 20% ausweist.

KF 1: Geschlecht der Probanden

Oben (Tabelle 3) konnte bereits ein Zusammenhang zwischen dem Geschlecht des Probanden und seiner Zugehörigkeit zur Gruppe A oder B ausgeschlossen werden. Bei frühkindlich schwer belasteten Menschen hat ihr Geschlecht offenbar keinen Einfluß auf ihren seelischen Gesundheitszustand im Erwachsenenalter. Darüber hinaus kann gleich diese erste Kindheitsvariable als Argument gegen die mögliche Vermutung dienen, den hier untersuchten Zusammenhängen lägen „eigentlich" keine lebensgeschichtlichen Einflüsse, sondern konstitutionell-erbgenetische Momente

83

zugrunde: Denn wer dazu neigt, die allgemein festzustellende höhere Morbiditätsrate der Frauen für psychogene Erkrankungen nicht psychosozial, sondern erbbiologisch zu interpretieren, wird gerade mit diesem Argument des biologischen Geschlechtsunterschiedes den Tatbestand aktueller seelischer Gesundheit bzw. Erkrankung im Erwachsenenalter bei traumatisierender Frühgenese nicht weiter aufschlüsseln können.

KF 2: Geburtsjahrgänge

Untersucht wurden Probanden der Jahrgänge 1935, 1945 und 1955. Damit können zeitgeschichtliche und soziokulturelle Aspekte einer Kindheit im Dritten Reich, während der unmittelbaren Nachkriegszeit und während der Entfaltung des „Wirtschaftswunders" in ihrem Einfluß auf die spätere Zugehörigkeit zu den Gruppen A oder B manifest werden.

Wir fanden – darauf wurde oben schon eingegangen – in der Gruppe A eine auf dem 5%-Niveau signifikante Häufung von Probanden des Jahrganges 1945 gegenüber der Gesamtstichprobe des Mannheimer Kohortenprojektes. Dagegen streuen die Probanden der Gruppe B gleichmäßig über die drei Geburtsjahrgänge. – Vergleichen wir die Probanden der Gruppen A und B aber allein dahingehend, ob sie dem Geburtsjahrgang 1945 angehören oder nicht, so haben wir die folgenden Zahlenverhältnisse vor uns:

	1945	1935 oder 1955	
A	12	8	20
B	8	12	20
	20	20	40

$$phi = .20$$
$$phi_{korr} = .20$$
$$p = .21$$
einseitiger Fisher-Test: $$p: = .17$$

Probanden des Jahrganges 1945 standen zum Zeitpunkt der Untersuchung zwischen 34 und 37 Jahren, also auf der Höhe des Erwachsenenalters, wo von einer, wie auch immer gedachten „midlife crisis" noch nicht zu sprechen ist. Insofern liegt eine Interpretation des Befundes dahingehend nahe, daß eine hohe frühkindliche Belastung durch psychosoziale Lebensumstände sich vor allem dann besonders traumatisch auswirkt, wenn diese aus dem individuellen Familienhintergrund erwachsen und weniger, wenn sie durch ein Kollektivschicksal wie etwa das der verworrenen Lebensumstände der Nachkriegsjahre hervorgehen.

KF 3: Uneheliche Geburt ohne spätere Heirat der Eltern

Gemäß den Zahlenverhältnissen scheidet eine uneheliche Geburt als Einflußfaktor auf die spätere Zugehörigkeit zur Gruppe der seelisch gesunden oder seelisch kranken Erwachsenen völlig aus. – Die mögliche Tatsache einer vorehelichen Geburt erfuhr keine gesonderte Betrachtung, da sich dieser Umstand im Gesamtmaterial des Mannheimer Kohortenprojektes – zumindest korrelationsstatistisch – als bedeutungslos für die spätere psychische Verfassung des Probanden erwies.

KF 4: Relativ geringer Altersabstand (bis 25 Jahre) der Mutter oder Ersatzmutter zum Probanden

Auch diesbezüglich spricht unser Material für keinerlei Zusammenhang zwischen dem Altersabstand eines frühkindlich stark traumatisierten Probanden zu seiner Mutter und seiner derzeitigen Zugehörigkeit zu einer der Extremgruppen A oder B. Vermutlich handelt es sich um einen Faktor, der erst bei der Betrachtung überwiegend günstiger frühkindlicher Schicksale mit nur einzelnen traumatisierenden Aspekten in eine Verbindung zu späteren neurotischen Erkrankungen tritt.

KF 5: Relativ geringer Altersabstand (bis 25 Jahre) des Vaters oder Ersatzvaters zum Probanden

Hier wiederholt sich der Befund von eben. Die aktuelle Gruppenzugehörigkeit eines Probanden und das Alter seines Vaters hängen nicht miteinander zusammen.

KF 6: Präsenz eines vollständigen (Ersatz-)Elternpaares während eines überwiegenden Teils der Vorschulzeit

	Ja	Nein	
A	6	14	20
B	17	3	20
	23	17	40

phi $= -.56$
Phi$_{korr}$ $= -.65$
p $= .0004$

Zunächst lassen die Zahlen staunen, da seelische Gesundheit im Erwachsenenalter sich hier offenbar mit „broken-home"-Bedingungen verknüpft. Bedenkt man aber unsere besondere Probandengruppe, die frühkindlich in jedem Falle schwer belastet war, so klären sich die Verhältnisse: Die Probanden der Gruppe A lebten zu einem größeren Prozentsatz mit nur einer erwachsenen Person während ihrer Kindheit zusammen. Jedenfalls standen sie nicht unter dem Eindruck einer Beziehung zweier Elternfiguren miteinander. Deshalb konnten sich eheliche Zerwürfnisse, denen die Probanden der Gruppe B durchaus ausgesetzt gewesen sein mögen, auf die Probanden der Gruppe A während der frühen Kindheit nicht auswirken. Vorausgesetzt also, und das wird sich weiter unten bestätigen (KF 16), daß wenigstens eine Elternfigur in der Gruppe B überwiegend für eine emotional belastende häusliche Atmosphäre sorgte, mag das *Fehlen eines Elternteils* in der Gruppe A im Hinblick auf die spätere seelische Gesundheit geradezu *protektiv* gewirkt haben. Die schweren Belastungen der Probanden in Gruppe A während der frühen Kindheit können jedenfalls nicht mehrheitlich einem pathologischen Familienklima entsprungen sein, welches aus dem Zusammenleben der Elternpersonen resultierte.

KF 7: Altersdifferenz zwischen den elterlichen Personen von mehr als fünf Jahren

Der Altersabstand zwischen den Eltern unserer Probanden wurde nach dem Fünfjahreskriterium zweigeteilt. Die Fünfjahresschwelle überzeugt einerseits im psychologischen Alltagsverständnis als eine Grenze, ab der man von einem deutlichen Altersunterschied zwischen einem Ehepaar sprechen mag. Andererseits ließ die Variation der Daten selbst bei dieser Grenze noch am ehesten einen Zusammenhang zwischen dem Altersabstand der Eltern und der Gruppenzugehörigkeit im Vierfelder-Test erwarten. Trotzdem zeigt sich, daß dort, wo zwei Erwachsene als leibliche oder Ersatzeltern dem Probanden während der Kindheit zur Verfügung standen, diese nur zu einem Drittel altersmäßig um mehr als fünf Jahre differierten. Dabei findet sich kein Unterschied zwischen den Gruppen A und B.

KF 8: Soziale Schicht (nach Kleining und Moore, 1968) der Herkunftsfamilie des Probanden

	untere Unterschicht	obere Unterschicht	untere Mittelschicht	obere Mittel- und Oberschicht	
A	6	12	2	0	20
B	5	10	2	3	20
	11	22	4	3	40

$$
\begin{array}{ll}
\text{phi} & = .29 \\
\text{phi}_{korr} & \text{entfällt} \\
p & = .35
\end{array}
$$

Bedenkt man den oben referierten aktuellen Schichtungsunterschied zwischen den Gruppen A und B, wonach die Gruppe A eher zu den mittleren und oberen Schichten, die Gruppe B aber eher zu den unteren Schichten zählt, so mag die Kindheitsvariable der *Herkunftsschicht* überraschen: Hier nämlich ergibt sich *kein* nennenswerter Unterschied. Im großen und ganzen nahm der Lebensweg unserer gesunden wie der kranken Probanden mit schwerer Frühgenese von vergleichbaren sozioökonomischen Rahmenbedingungen seinen Ausgang: Fast alle Probanden entstammen nach heutigen Maßstäben den unteren sozialen Schichten, denen in der Vergangenheit sehr viel mehr als heute eine Mehrheit der Bevölkerung von Industriestädten angehört haben mag.

Oben (Tabelle 4) haben wir bereits erfahren, daß der soziale Vorsprung der Gruppe A gegenüber der Gruppe B wesentlich auf die Heirat der A-Frauen mit einem Partner zurückgeht, der entsprechend seinem Beruf einer höheren sozialen Schicht angehört. Deshalb stellen wir der Herkunftsschicht unserer Probanden auch einmal den sozialen Rang gegenüber, den sie dank eigener beruflicher Qualifikation erreichten.

Tabelle 6: Differenz der sozialen Herkunftsschicht der Gruppen A und B mit dem selbständig (nicht durch Heirat) erreichten sozialen Rang

	untere Unter- schicht	obere Unter- schicht	untere Mittel- schicht	obere Mittel- und Ober- schicht	
A	–1	–8	+6	+3	0
B	+2	0	0	–2	0

Weil die Zahlen in unserer Tabelle lediglich die Zunahme oder Abnahme der Zellenbesetzung im Vergleich zum Herkunftsstatus vermelden, bleiben sie hinter der Anzahl aller Probanden zurück. Dennoch setzt sich auch hier eine schon bekannte Tendenz durch: Die Probanden der Gruppe A stiegen in ihrem sozialen Status (ungeachtet des sozialen Zugewinns durch Heirat) schon allein aufgrund ihrer durch eigene Leistung erreichten beruflichen Qualifikation im Vergleich zur Herkunftsfamilie auf, und zwar aus den Unterklassen in die drei oberen Schichten. Andererseits setzte in der Gruppe B ein Drift ausschließlich zu den Unterschichten hin ein: Numerisch nimmt im Laufe des Lebens jener seelisch kranken Personen allein die Besetzung der unteren Unterschicht zu, während die beiden oberen Schichten bis auf einen Probanden ausgedünnt werden.

KF 9: Auftauchen einer Ersatzmutter während der frühen Kindheit (Vollpflege)

Die Zahlen widersprechen der Annahme, die bloße Tatsache einer *Ersatz*mutter während einer insgesamt traumatischen Kindheit beeinflusse bedeutsam die spätere Zugehörigkeit zur Gruppe A der Gesunden oder zur Gruppe B der seelisch Kranken.

KF 10: Eintritt der Ersatzmutter in das Leben des Probanden vor dem
vollendeten zweiten Lebensjahr

Aufgrund unserer kargen Zahlen ist die zahlenmäßige Untersuchung dieser im Lichte der modernen psychoanalytischen Entwicklungslehre bedeutsamen Frage leider müßig. Da in der Gruppe A nur dreimal und in der Gruppe B nur sechsmal Ersatzmütter zu verzeichnen sind, führt deren weitere Unterteilung nach dem Zeitpunkt ihres Eintritts in das Leben des Probanden zu einer Zersplitterung und nicht zu einer Differenzierung des Zusammenhangs. Wir verzichten daher auf die weitere Betrachtung dieses theoretisch wichtigen Aspektes.

KF 11: Abwesenheit einer prinzipiell vorhandenen (Ersatz-)Mutter
während des ersten Lebensjahres des Probanden für
3 bis 6 Monate

Für keinen Probanden aus beiden Gruppen trifft diese Variable zu. Damit entfällt ihre weitere Erörterung.

KF 12: Abwesenheit der prinzipiell vorhandenen (Ersatz-)Mutter
zwischen 6 Monaten bis zu 1 Jahr während der Vorschulzeit
des Probanden

Auch dieses Merkmal trifft auf keinen Probanden aus beiden Gruppen zu. Im weiteren Vorgehen muß von ihm abgesehen werden.

KF 13: Abwesenheit des Vaters oder der väterlichen Ersatzperson von
mehr als 3 Monaten während der Kleinkindheit (bis zum
vollendeten ersten Lebensjahr

	Ja	Nein	
A	13	7	20
B	10	10	20
	23	17	40

phi   = .15
phi$_{korr}$ = .18
p   = .34

Letztlich erlauben diese Zahlen keine abgesicherten Aussagen. Spekulativ allerdings ließe sich ein negativer Zusammenhang zwischen der heutigen seelischen Gesundheit des Probanden und der Anwesenheit einer väterlichen Person in der frühen Kindheit herauslesen. Demnach könnte die Anwesenheit des Vaters angesichts global traumatischer Kindheitsverhältnisse zu erhöhten Spannungen innerhalb der Familie geführt und die Gesamtbilanz eher negativ beeinflußt haben.

KF 14: Abwesenheit des Vaters oder der väterlichen Ersatzperson von mehr als 6 Monaten nach dem 1. bis zum 6. Lebensjahr

Im Vergleich zur Kleinkindheit der Probanden fällt hier in erster Linie die Häufigkeit des Fehlens einer väterlichen Person in beiden Untersuchungsgruppen auf. Da sich die numerischen Relationen unter den Zellbesetzungen nicht gravierend verändern, gilt auch hier die Überlegung, ob nicht die Anwesenheit des Vaters unter ohnedies schlechten Kindheitsbedingungen sich eher negativ auswirkt.

KF 15: Eindeutige oder gar schwerwiegende seelische Störung der (Ersatz-)Mutter

Dieses komplexe Expertenrating unterscheidet zweistufig „keine oder nur eine leichte Neurotizität der mütterlichen Person" von einer „deutlichen bis schwer ausgeprägten Psychopathologie". Um die Mutter eines Probanden als zumindest deutlich gestört einzustufen, muß der Interviewer z. B. erfahren, daß jene Frau während der frühen Kindheit des Probanden in längeren Episoden an Angstzuständen gelitten hat oder die Familie mit ihren Kopfschmerzen bzw. ihrer Schlaflosigkeit belastete. Der Proband muß diese Syndrome in dem Sinne bedrohlich erlebt haben, daß sie seinen kindlichen Bezug zur Mutter unterbrachen oder gravierend in Frage stellten. Oft sind kindliche Schuldgefühle in diesem Zusammenhang erinnerlich. – Hat aber andererseits die Mutter des Probanden ihre Fürsorge auch emotional nicht zurückgezogen, so ist allenfalls eine leichte Neurotizität zu vermerken und von keiner schwerwiegenden seelischen Störung dieser Frau die Rede.

Zwei Probanden in beiden Gruppen verfügten während ihrer frühen Kindheit über keine konstante mütterliche Pflegeperson. Die übrigen 36 Probanden konnten über eine solche Figur in ihrer

	keine mütterliche Person vorhanden	Ja	Nein	
A	2	5	13	18
B	2	7	11	18
		12	24	36

phi $= -.12$
phi$_{korr}$ $= -.17$
p $= .48$

frühen Kindheit berichten. Zu zwei Dritteln schienen diese mütterlichen Frauen frei von eindeutigen oder schwerwiegenden seelischen Störungen, wobei dieser Sachverhalt sich unterschiedslos in beiden Gruppen findet. Somit scheinen eindeutige und schwerwiegende seelische Störungen der mütterlichen Pflegeperson, denen in allen ätiologischen Überlegungen der Neurosenlehre und der klinischen Psychologie ein ausgesprochen hohes Gewicht zukommt, gerade für unsere Gruppen ohne Belang zu sein. Liegt vielmehr in einem globalen Sinne der Tatbestand einer hochbelasteten Kindheit erst einmal vor, dann scheinen andere Umstände als die seelische Verfassung der mütterlichen Pflegeperson darüber zu entscheiden, wie sich die so betroffenen Kinder im Erwachsenenalter entwickeln.

KF 16: Eindeutige oder schwerwiegende seelische Störung des (Ersatz-)Vaters

Hier gilt im wesentlichen das bei KF 15 Ausgeführte. Entscheidend für eine positive bzw. eine negative psychosoziale Einstufung wäre, ob die Schilderungen über den Vater auf deutliche Störungen seiner Arbeitsfähigkeit mit Rückwirkung auf den Sozialstatus der Familie sowie auf Beeinträchtigung seiner Funktionen als verantwortungsbewußter und verläßlicher, aber auch als emotional präsenter Familienvater hinweisen.

Während psychopathologisch unauffällige Väter in beiden Gruppen gleich häufig anzutreffen sind, weisen die beiden linken Spalten doch einen beachtlichen Unterschied aus: In Gruppe A wuch-

	keine väterliche Person vorhanden	Ja	Nein	
A	12	2	6	8
B	2	12	6	18
	14	12	26	

$$\text{phi} = -.39$$
$$\text{phi}_{\text{korr}} = -.54$$
$$p = .05$$
einseitiger Fisher-Test: $p = .06$

sen die Probanden als Vorschulkinder zu 60% ohne Väter auf, in Gruppe B aber waren die Probanden in ihrer überwiegenden Mehrheit mit Vätern konfrontiert, die mehrheitlich mit erheblichen seelischen Störungen belastet waren. Während also das Fehlen einer väterlichen Bezugsperson für die Gruppe A der heute gesunden Probanden charakteristisch ist, war die frühe Kindheit der heute seelisch kranken Gruppe B häufig durch die Präsenz einer psychopathologisch auffälligen Vaterfigur geprägt. Somit wirft diese Kindheitsvariable auch ein Licht auf die oben (KF 6) vermerkte Tatsache, daß eine unvollständige Elternbeziehung bei global traumatischer Frühgenese eher auf gute seelische Gesundheit im Erwachsenenalter hoffen läßt. Dies könnte nach den jetzigen Aufschlüssen u. a. daran liegen, daß die Frühgenese der Probanden aus der Gruppe B überwiegend unter dem Einfluß von Vätern mit einer pathologischen Persönlichkeit stand. Das bleibt auch dann gültig, wenn wir von den Probanden ohne männliche Bezugsperson gänzlich absehen: Wer mit einem Vater aufwuchs, findet sich vornehmlich (in einem Verhältnis von 1:6) dann in der Gruppe B, wenn dieser Mann psychopathologisch auffällig war.

KF 17: Eindeutige oder gar schwerwiegende Störung der Elternbeziehung während der Vorschulzeit des Probanden

Auch hier wird dichotomisiert nach den Ausprägungsgraden „keine oder nur leichte Beziehungsstörung" gegenüber „deutliche bis schwere Beziehungsstörung". - In diesem Rating hatte der Untersucher seinen Eindruck über das globale Störungsmaß innerhalb des primären Umfeldes des Probanden festzuhalten. Es ging hier weniger um neurotische oder psychotische Störungen eines oder mehrerer Familienmitglieder, sondern vorwiegend um die Art und Weise des konstruktiven oder auch destruktiven Umgangs miteinander und dessen Auswirkung auf das Familienklima. Gefragt ist nach der Pathologie der gesamten familiären Interaktion. So wäre etwa eine deutliche Neurotizität in der Beziehung der wesentlichen Bezugspersonen gegeben, wenn sich ein Proband daran erinnert, daß er sich als Kind öfter die Ohren zuhielt, um die Streitigkeiten der Eltern nicht länger mit anhören zu müssen: Der Vater sei jähzornig gewesen und habe auch oft tätlich mit der Mutter gestritten, oder er habe die Wohnung gemieden, um mit der Mutter so wenig wie möglich zusammensein zu müssen. Ungeachtet der ausgeprägten Diskrepanzen, blieb die Ehe nach außen intakt. - Solche und ähnliche Schilderungen schwieriger Elternbeziehungen wurden als deutliche Hinweise auf diesbezügliche Störungen gewertet. Von einer leichten Neurotizität, die in unserem Score nicht zu Buche schlägt, wäre bei einem Probanden die Rede, der berichtet, daß Vater im Falle einer Streitigkeit zwischen den Eltern gelegentlich wortlos die Wohnung verließ, um in die Gastwirtschaft zu gehen: Mutter habe sich eben sehr leicht über Kleinigkeiten aufgeregt und rasch zu überzogenen Vorwürfen geneigt. Der Vater sei aber ein „sehr ruhiger Typ" gewesen und habe durch Rückzug versucht, Konflikte zu vermeiden. Nur selten habe es Zuspitzungen dieser Art gegeben. Die Eltern hätten sich durchaus auch umarmt und seien recht zärtlich miteinander umgegangen.

	keine Eltern- beziehung	Ja	Nein	
A	14	4	2	6
B	3	11	6	17
		15	8	23

$$phi = .02$$
$$phi_{korr} = .07$$
$$p = .93$$

Wiederum begegnet uns die Kategorie der fehlenden Elternbeziehung, wobei ein solches Fehlen in hochsignifikantem Ausmaß mit der Zugehörigkeit zur Gruppe A einhergeht. Sieht man aber davon ab, so verschwinden alle Signifikanzen aus der Zahlenverteilung: In beiden Gruppen waren bei tatsächlich vorhandenen Elternfiguren deren Beziehungen zueinander zu zwei Dritteln gestört. Damit zeichnet sich im vorliegenden Zahlenmaterial hinsichtlich dieser Einzelvariablen zur frühen Kindheit ein gewisser Gegensatz zur neueren Literatur (*Rutter, 1979*) ab. Dort wird der frühkindlichen Schädigung durch chronische Belastungen in der Beziehung der Eltern zueinander ein weit größeres Gewicht eingeräumt als der bloßen Unvollständigkeit der Familie im Sinne eines fehlenden Elternteils. Natürlich widersprechen unsere Zahlen dieser These nicht gänzlich, da immerhin die Psychopathologie des Vaters, so vorhanden, eindeutig mit der Zugehörigkeit zur Gruppe B korrespondiert. Gleiches wäre auch für die Variable der gestörten Elternbeziehung zu erwarten gewesen. – Andererseits ist nicht auszuschließen, daß die Probanden in der Retrospektive zwar psychopathologische Züge des Vaters deutlich werden ließen, das Verhältnis der Eltern zueinander aber entweder aus dem verständlichen Wunsch heraus beschönigten, einer normalen Familie angehört zu haben. Oder es fehlte ihnen gänzlich an „Ankerbeispielen" für ein harmonisches Familienleben.

KF 18: Besuch einer Kinderkrippe

Da 39 der 40 Probanden keine Kinderkrippe besucht hatten, entfällt in unserem besonderen Zusammenhang der theoretisch möglicherweise durchaus einflußreiche frühkindliche Aspekt des Besuches einer Kinderkrippe.

KF 19: Heimaufenthalt von mehr als 3 Monaten während der ersten sechs Lebensjahre

Die Zahlen über Aufenthalte von mehr als drei Monaten im Kinderheim steuern zur Unterscheidung der frühen Kindheit beider Gruppen nichts bei. Rein deskriptiv mag aber doch verwundern, daß entgegen der geläufigen Erwartung immerhin drei der gesunden Probanden auf eine Heimkindheit (von unterschiedlicher Dauer) zurückblicken, gegenüber nur einem Probanden aus der Gruppe der psychogen Kranken. Spekulativ mag dem ein hier nicht weiter abzuklärender systematischer Effekt zugrunde liegen, demzufolge der Heimerziehung hinsichtlich der späteren seelischen Verfassung eines Menschen doch der Vorzug vor chaotischen häuslichen Verhältnissen zu geben wäre.

KF 20: Kein oder nur ein Geschwister gegenüber zwei oder mehr

Trotz der möglichst trennscharfen Unterteilung der Geschwisterzahl zeichnete sich kein Zusammenhang zwischen der reinen Geschwisterzahl und der späteren Zugehörigkeit des Probanden zu einer der Extremgruppen ab. Die Aufteilung wählen wir, weil eine Dreierkonstellation unter Geschwistern häufig als pathogen erlebt wird und andererseits höhere Geschwisterzahlen eher selten vorkommen, weshalb diese Zellen nur relativ schwach besetzt wären.

KF 21: Die Position des Probanden in der Reihe seiner Geschwister

	Einzelkind	Erst-geborenes	mittleres Kind	Letzt-geborenes	Zwillinge	
A	6	7	4	3	0	20
B	2	4	7	6	1	20
	8	11	11	9	1	40

$$
\begin{aligned}
\text{phi} &= .36 \\
\text{phi}_{korr} &\quad \text{entfällt} \\
p &= .16
\end{aligned}
$$

Wenn auch außerhalb der statistischen Bedeutsamkeit, so verzeichnet diese Tabelle einen deutlichen Trend derart, daß eine traumatisierende Kindheit eher von Einzelkindern oder Erstgeborenen, weniger gut aber von Kindern in mittleren oder letzten Positionen der Geschwisterreihe verkraftet werden kann. Neben der Vollständigkeit der Elternbeziehung dürfte dem als weitere Hintergrundvariable das Maß an elterlicher Aufmerksamkeit und Zuwendung zugrundeliegen, welches dem einzelnen Kind zukommen kann, bzw. wie viele andere mit ihm darum konkurrieren. Deshalb isolierten wir aus dem Kindheitsfaktor 21 folgende weitere Aspekte:

KF 22: Der Proband war Einzelkind oder relatives
Einzelkind (Altersabstand zum nächsten Geschwister
sechs und mehr Jahre)

	Ja	Nein	
A	7	13	20
B	2	18	20
	9	31	40

	phi	= .30
	phi$_{korr}$	= .56
	p	= .06
einseitiger Fisher-Test:	p	= .06

Somit bestätigt sich die obige Vermutung, daß angesichts traumatischer Gesamtumstände während der frühen Kindheit im statistischen Trend die Position eines (relativen) Einzelkindes die weitere seelische Entwicklung begünstigt. Dann nämlich kann die in der Regel deutlich reduzierte Zuwendung wenigstens einem Kind ganz zukommen und erhält vielleicht auch eher eine positive Tönung. Eine höhere Geschwisterdichte indessen kann zu einer emotionalen Vernachlässigung des einzelnen Kindes verleiten. – Auch für die Allgemeinbevölkerung scheint nach *Ernst* und *Angst* (1983) zumindest ein geringer Trend dahin zu gehen, daß die Morbidität für psychogene Erkrankungen von ehemaligen Einzelkindern geringer als die von Mehrlingen ist.

KF 23: Altersabstand von nur 1 Jahr oder weniger zum nächsten
Geschwister

Wegen der geringen Zellenbesetzung mußten wir unberücksichtigt lassen, ob der Proband in der Geburtenabfolge seinem zeitlich besonders nahestehenden Geschwister vorausging oder ihm nachfolgte.

Da für alle Probanden eine erheblich traumatisierende Kindheit vorgegeben ist und hierdurch die Chance, daß ein Einzelaspekt zwischen den Kindheitsangaben der beiden Gruppen differenziert, systematisch gemindert wird, stoßen wir hier im Vergleich zu den bei anderen Kindheitsfaktoren erwartungsgemäß niedrigen Korre-

	Ja	Nein	
A	2	18	20
B	9	11	20
	11	29	40

$$\text{phi} = -.39$$
$$\text{phi}_{\text{korr}} = -.69$$
$$p = .01$$
einseitiger Fisher-Test: $p = .02$

lationen auf einen relativ hohen Zusammenhang zwischen einem extrem geringen Altersabstand des Probanden zu seinem nächsten Geschwister auf der einen und zu seiner seelischen Gesundheit im Erwachsenenalter auf der anderen Seite. Der Befund steht im Einklang mit unseren Kenntnissen über das besonders traumatische Gewicht einer äußerst dichten Geschwisterfolge, was zuletzt *Dührssen* (1984) sowie *Lieberz* (1983, 1984) empirisch belegen konnten.

KF 24: Anwesenheit von Stiefgeschwistern in den ersten 6 Lebensjahren

Die Betrachtung dieses theoretisch nicht uninteressanten Aspektes muß unterbleiben, da keiner der Probanden in den Extremgruppen A und B Stiefgeschwister hatte.

KF 25: Tod eines Geschwisters in den ersten 6 Lebensjahren

Auch hier erübrigt sich die weitere Erörterung, da nur ein Proband aus der Gruppe B von einem solchen Ereignis zu berichten hatte.

KF 26: Erhebliche Belastung durch die Geschwister während der Vorschulzeit

Es handelt sich abermals um ein komplexes Rating, das in seiner positiven Ausprägung sowohl durch eine relativ hohe Zahl der Geschwister als auch durch ungünstige, dichte Rangfolge oder durch „ungerechte" Bevorzugung durch die Eltern begründet wird. So wäre eine deutliche Belastung durch die Geschwister während der Frühgenese und damit eine positive Ausprägung des Merkmals gegeben, wenn wir von einem Probanden erfahren, daß er als zweites von vier Kindern auf die Welt kam und die Mutter ein weiteres Kind gebar, als er erst 1,5 Jahre alt war. Dieses Kind sei aufgrund eines Geburtsschadens geistig behindert gewesen und habe deshalb übermäßig viel Pflege beansprucht. Ungeachtet aller Versuche der Mutter, alle Kinder gleich zu behandeln, sei doch ein deutliches Defizit entstanden. Der Proband fühlte sich als Kind durch vorzeitige Anforderungen und Selbständigkeit überbeansprucht.

Die Zahlen sprechen für eine gleichmäßige frühkindliche Belastung – welcher Qualität auch immer – durch die Geschwister in beiden Extremgruppen. Dies ändert sich auch nicht, wenn wir die absolute Zahl der Einzelkinder, die unter einem negativen Geschwistereinfluß nicht leiden konnten, aus der Betrachtung herausnehmen.

KF 27: Kinderneurotische Symptome des Probanden während der frühen Kindheit

Hierzu rechnen in erster Linie Angstzustände, Eßstörungen, Ausscheidungsstörungen, Erregungszustände, Fortlaufen, Haareausreißen, zwanghaftes Wiegen des Kopfes, Nägelknabbern, Isolationstendenzen, Schlafstörungen, Neigung zu Selbstbeschädigungen, Sprachstörungen, übermäßiges Stehlen, Anpassungsschwierigkeiten im Kindergarten, aber auch alle sonstigen Verhaltensauffälligkeiten, die in der Erinnerung des Probanden und nach dem Urteil des Interviewers als kinderneurotische Auffälligkeiten gelten müssen.

Der überwiegende Teil aller Probanden in beiden Extremgruppen entwickelte unter dem Eindruck einer global sehr belastenden frühen Kindheit kinderneurotische Symptome der geschilderten Art. Zum einen könnte man darin direkt einen Prüfstein für die Belastungsschwere der Kindheitsumstände sehen, zum anderen belegen aber unsere Zahlen auch, daß kinderneurotische Störungen nicht zwangsläufig zu klinisch manifesten Neurosen, Psychosomatosen und Persönlichkeitsstörungen führen müssen. Für unsere Extremgruppen jedenfalls läßt sich aus der Tatsache kinderneurotischer Syndrome allein keine Prognose für den Gesundheitszustand im Erwachsenenalter ableiten.

KF 28: Mehrmaliger Wechsel des Wohnortes während der frühen Kindheit

Auch auf diesen Aspekt muß die weitere Analyse verzichten, da nur je ein Proband in beiden Extremgruppen häufiger als einmal während der Vorschuljahre den Wohnort wechselte und andererseits einmaliger Wohnortwechsel ein häufiges Ereignis darstellt, das nicht systematisch mit der späteren Zugehörigkeit zu einer der Extremgruppen variiert.

KF 29: Belastende singuläre Lebensereignisse während der ersten sechs Lebensjahre

Gemeint sind hier solche Vorkommnisse, die nach Ansicht des Interviewers einen hinderlichen Einfluß auf die Entwicklung des Probanden ausübten. Nur gravierende Ereignisse sollen berücksichtigt werden, etwa Scheidung der Eltern, Tod der Mutter, Heimeinweisung und ähnliches.

	Ja	Nein	
A	16	4	20
B	12	8	20
	28	12	40

$$phi_{korr} = .22$$
$$phi = .33$$
$$p = .17$$

Bezüglich der belastenden Lebensereignisse in der frühen Kindheit zeichnet sich – wenn auch ohne statistische Bedeutung – ein Trend zur höheren Belastung der Gruppe A ab. Denkbar wäre ein Zusammenhang des Globalratings der frühkindlichen Belastung mit sehr eindrucksvollen, aber zeitlich umschriebenen Ereignissen, deren Einfluß auf die spätere seelische Gesundheit hinter dem der chronischen Belastungsmomente deutlich zurückbleibt.

Nachdem bislang zur Differenzierung der Kindheitsangaben heute gesunder Probanden (Gruppe A) und heute seelisch kranker Probanden (Gruppe B) ausschließlich Daten herangezogen wurden, die im Rahmen der epidemiologischen Erhebung für alle 600 Probanden des Mannheim Kohortenprojektes, entsprechend dem vorgegebenen Forschungsplan, dokumentiert sind, folgt nun die Analyse der für die Fragestellung dieser Arbeit neu eingeführten Variablen der *zuverlässigen, positiven Bezugsperson.*

Es geht um eindeutige Hinweise in den Klartexten der Forschungsinterviews auf eine positive, stabile Bezugsperson, die dem Probanden während seiner Kindheit verläßlich zur Verfügung stand. – Eine solche positive, stabile Bezugsperson soll unabhängig vom verwandtschaftlichen Status dem Probanden während der frühen Kindheit stetig in einem überwiegend psychologischen Sinne unterstützt haben, indem sie dem Kind bleibendes Wohlwollen und Interesse entgegenbrachte, ihm Zeit widmete, Trost, Besänftigung und kindergerechten Rat spendete. Diese Person hielt sich verläßlich zur emotionalen Stützung des Kindes bereit. Sie teilt empathisch das Erleben des Kindes und bietet Strukturierungshilfen an. Das wiederum fördert die Erlebnis- und Handlungsintegration des Kindes.

Man muß berücksichtigen, daß die Interviewer des Mannheimer Kohortenprojektes weder die Anweisung hatten, eigens auf die Probanden der erst später zusammengestellten Gruppen A und B zu achten, noch sollten sie speziell nach der An- oder Abwesenheit einer entsprechenden Bezugsperson in der Biographie ihrer Probanden fahnden. Deshalb darf in den Klartexten keine ausführliche Beschreibung solcher Figuren und ihrer Beziehungen zum Probanden erwartet werden.

Die 35 Klartexte, die nach Auffassung des Verfassers eine klare Festlegung dahingehend gestatten, ob sie eindeutige Hinweise auf die Existenz einer guten frühkindlichen Bezugsperson beinhalten oder ob solche Hinweise fehlen, gingen in eine Reliabilitätsstudie ein. Die Rater waren aufgefordert, die Probanden entweder der einen oder anderen Kategorie definitiv zuzuordnen. Für KF 30, die theoretisch zentrale Variable dieser Arbeit, ergab sich derart ein Reliabilitätswert von Kappa = 1.0.

*KF 30: Eindeutige Hinweise in den Forschungsinterviews auf eine
stabile, positive Bezugsperson während der frühen Kindheit*

	nicht zu entscheiden	klare Hinweise	eindeutig keine Hinweise	
A	3	17	0	17
B	2	5	13	18
		22	13	35

$$phi = .75$$
$$phi_{korr} = 1.0$$
$$p = .0001$$

Der Faktor der guten Bezugsperson korreliert damit am höchsten
von allen erörterten Kindheitsvariablen mit der aktuellen seelischen Gesundheit der Probanden in den Extremgruppen. Ungeachtet dessen, daß alle Probanden ausgesprochen schädlichen Kind-
heitsumständen ausgesetzt waren, haben diejenigen doch eine
gute Chance, seelisch gesunde Erwachsene zu werden, die mit
ausreichender Konstanz eine emotional zugewandte und liebe-
volle erwachsene Person zur Seite hatten, gleichgültig, ob es sich
dabei um eine Elternfigur, um andere Verwandte oder sonstige
Personen handelte. Man beachte, daß bei allen Probanden der
Gruppe A, deren Forschungsinterviews hinsichtlich einer positiven Bezugsperson bearbeitet werden konnten, eine solche auch zu
finden war. Keiner aus der Gruppe A hatte – soweit beurteilbar –
seinen Lebenserfolg ohne eine solche supportive Person in der
frühen Kindheit zustande gebracht. Wenn in der Gruppe B, unter
den seelisch kranken Erwachsenen, die Verhältnisse weniger eindeutig sind und zumindest fünf Probanden ebenfalls klare Hinweise auf eine derart stützende Person geben, kann das nicht
überraschen: Mag auch die emotionale Unterstützung als singulä-
rer Kindheitsfaktor während der Vorschulzeit eine notwendige
Bedingung für eine gesunde seelische Entwicklung sein, so garantiert sie allein doch nicht den Lebenserfolg. Mannigfache widrige
Lebensumstände wie auch nachteilige ererbte Dispositionen können eine günstige leib-seelische Entwicklung trotz der Verfügbarkeit einer positiven und zuverlässig unterstützenden Bezugsperson noch vereiteln.

Wer waren nun die hilfreichen Bezugspersonen? Summarisch faßt Tabelle 7 den Status der stabilen, positiven Personen in bezug auf den Probanden zusammen.

Tabelle 7: Status der stabilen, positiven Bezugspersonen zum Probanden, getrennt nach Gruppenzugehörigkeit

Gruppe A		*Gruppe B*
8 ×	leibliche Mutter	1 ×
–	Ersatzmutter	1 ×
7 ×	Großeltern	3 ×
1 ×	Stiefvater	–
1 ×	Onkel, Tante	–
17 ×		5 ×

Somit sind es eindeutig die nächsten Anverwandten, die im soziokulturellen, überwiegend städtischen Rahmen Mitteleuropas psychosozial erheblich traumatisierten Kindern kompensatorisch zur Seite stehen. Zu 41 % bieten sogar die leiblichen Mütter und etwas häufiger die Großeltern, darunter natürlich zumeist die Großmütter, dem Kind in chaotischen Lebensumständen eine stabile Stütze.

Am Ende der (univariaten) Einzelanalysen von 30 Kindheitsfaktoren hinsichtlich ihres Zusammenhanges mit der Zugehörigkeit der frühkindlich hochbelasteten Probanden zu den Gruppen der seelisch Gesunden (A) bzw. der psychogen Kranken (B) gibt Tabelle 8 eine kleine Zusammenschau. Sie führt nur diejenigen Faktoren auf, deren Korrelation mit wenigstens 80 % Sicherheit auf einem systematischen Zusammenhang beruht. Von den anfangs 30 Aspekten der frühen Kindheit bleiben selbst unter so liberalen Bedingungen lediglich noch sieben übrig. Sie wollen wir in den folgenden Kapiteln weiter erörtern.

Tabelle 8: Signifikante ($p \leq .05$) und tendenziell ($.20 \geq p > .05$) bedeutsame Zusammenhänge der frühkindlichen Lebensumstände (KF: Kindheitsfaktor) mit psychogener Krankheit (Gruppe B) bzw. Gesundheit (Gruppe A) im Erwachsenenalter

	Gruppe	phi	phi korr	p	Fisher-Test (einseitig)
KF 2: Jahrgang 1945	: A	.20	.20	.21	.17
KF 6: beide (Ersatz-)Eltern vorhanden	: B	.56	.65	.0004[xxx]	/

	Gruppe	phi	phi korr	p	Fisher-Test (einseitig)
KF 16: psychopath. Vater	: B	.39	.54	.05[x]	.06
KF 22: keine Geschwister im Abstand unter 6 Jahren	: A	.30	.56	.06	.06
KF 23: Abstand zum nächsten Geschwister unter einem Jahr	: B	.39	.69	.01[xx]	.02[x]
KF 29: belastende Lebensereignisse bis zum 6. Lebensjahr	: A	.22	.33	.17	/
KF 30: Zuverlässige frühkindliche Bezugsperson	: A	.75	1.00	.0001[xxx]	/

6. Der innere Zusammenhang der prognostischen Kindheitsfaktoren untereinander

Die Kovariationen

Im vorangegangenen Kapitel wurden 30 Faktoren, die unsere Probanden im psychosozialen Lebensfeld ihrer Vorschulzeit beschreiben, einzeln auf ihren Zusammenhang mit psychogener Erkrankung bzw. Gesundheit im Erwachsenenalter hin untersucht. Jetzt soll es um ihre Abhängigkeit (Interkorrelation) untereinander gehen, bevor wir im nächsten Abschnitt ein Bedingungsmodell für seelische Gesundheit und Krankheit bei ehemals traumatisierten Kindern entwickeln. – Tabelle 9 führt in einer Interkorrelationsmatrix nochmals diejenigen Faktoren auf, deren Zusammenhang mit psychogener Erkrankung bzw. Gesundheit wenigstens mit 80%iger Sicherheit als überzufällig angesehen werden darf. Eine derart weite Toleranzgrenze ist einer Untersuchung angemessen, die sich noch in einem suchenden Stadium der Theoriebildung bewegt. Dennoch reduzieren sich auf diese Art die 30 Variablen der Vorschulzeit auf nur sieben, die statistisch – von der Andeutung eines Trends bis zur höchsten Bedeutsamkeit – mit dem psychischen Status im Erwachsenenalter kovariieren.

KF 2: Probanden des Jahrganges 1945 gehören mit einer sehr

phi phikorr p, *(Fisher)*	beide (Ersatz-) Eltern vorhanden 6	Psychopathologie des Vaters 16	(relatives) Einzelkind 22	Geschwisterabstand bis zu einem Jahr 23	belastende Lebensereignisse 29	gute frühkindl. Bezugsperson (Vorschulzeit) 30	Gruppe A / B
Geburtsjahrgang 1945 2	/	/	/	-.39 -.64 .01xx	.22 .33 .17(.15)	/	.20 .20 .21(.17)
beide (Ersatz-) Eltern vorhanden 6	⧄	.39 1.00 .05x(.08)	-.39 -.61 .02x	.42 .79 .001xxx	-.34 -.61 .03x	-.43 -.71 .01xx	-.57 -.65 .0004xxx
Psychopathologie des Vaters 16	⧄	⧄	/	.26 .35 .19(.18)	/	-.54 -.59 .01xx	-.39 -.54 .05x(06)
(relatives) Einzelkind 22			⧄	-.33 -1.00 .04x	.22 .33 .16	/	.30 .56 .06

phi phikorr p, (Fisher)	beide (Ersatz-)Eltern vorhanden 6	Psychopathologie des Vaters 16	(relatives) Einzelkind 22	Geschwisterabstand bis zu einem Jahr 23	belastende Lebensereignisse 29	gute frühkindl. Bezugsperson (Vorschulzeit) 30	Gruppe A / B
Geschwisterabstand zu einem Jahr 23				///////	−.33 −.35 .04x(.05x)	/	−.39 −.69 .01xx(02x)
belastende Lebensereignisse (Vorschulzeit) 29					///////	/	.22 .33 .17(.15)
gute frühkindl. Bezugsperson 30						///////	.75 1.00 .001xxx

Tabelle 9: Zusammenhänge zwischen den Kindheitsfaktoren, die mit seelischer Gesundheit bzw. psychogener Krankheit im Erwachsenenalter kovariieren ($p \leq .2$) –
Von oben nach unten: phi, phikorr, p (falls abweichend auch *Fishers* exakter Test, einseitig)

niedrigen Korrelation eher zur gesunden Gruppe A. Darin drückt sich wohl der Sachverhalt aus, daß gravierende äußere Lebensbedingungen und Schicksalsschläge während der unmittelbaren Nachkriegszeit (KF 29) die Atmosphäre der primären Beziehungen eines Probanden nicht so tiefgreifend erschütterten, daß die seelische Entwicklung des Kindes unbedingt in Mitleidenschaft gezogen wurde. Immerhin handelt es sich dabei um den schwächsten rechnerischen Zusammenhang mit einer sehr geringen Sicherheit dafür, eine wirkliche Tatsache aufgedeckt zu haben. – Wenn ferner für den Geburtsjahrgang 1945 nur eine sehr dünne Geschwisterfolge zu berichten ist, so dürfte das in erster Linie aus dem generell tiefen Geburtenstand jener Zeit herzuleiten sein.

KF 6: Probanden, die in einer schwer belasteten Kindheit mit zwei Eltern bzw. Ersatzeltern konfrontiert waren, gehören in höchst signifikanter Häufung zur Gruppe B, den psychogen Kranken. Während gemeinhin eine vollständige Familie, in der Vater und Mutter vorhanden sind, der seelischen Entwicklung eines Kindes dienlich sein dürfte, scheint unter der Bedingung einer psychosozial hochbelasteten Kindheit das Gegenteil zu gelten. Dann nämlich erwachsen gerade aus der Beziehung der Eltern untereinander direkte oder indirekte Traumatisierungen. – Nahezu immer ging die Unvollständigkeit des Elternpaares auf den fehlenden Vater zurück. Da aber die Probanden beider Extremgruppen von anwesenden Vätern häufig auch psychische Störungen berichten, kommt so eine maximale (phi$_{korr}$) Beziehung zwischen KF 6 und KF 16 (siehe dort) zustande. – Der Zusammenhang zwischen KF 6 und den Geschwistervariablen ist trivial. Leben die Eltern zusammen, dann steigen die Geschwisterzahlen. Auch die Korrelation einer traumatischen Kindheit mit belastenden Lebensereignissen der Vorschulzeit (KF 29) dürfte vor allem als „weißer Schimmel" (Tautologie) aufzufassen sein. Aussagekräftiger hingegen ist, daß ein vollständiges Elternpaar die Entfaltung einer positiven und stabilen Beziehung zu einem Erwachsenen (KF 30) zumindest unter den besonderen Voraussetzungen unserer Extremgruppen nachhaltig *zu behindern* scheint.

KF 16: Psychopathologisch relevante Auffälligkeiten des Vaters verweisen auf eine Zugehörigkeit des Probanden zur Gruppe B, wobei dieser Zusammenhang nach dem exakten Fisher-Test (einseitig) die rechnerische Signifikanzgrenze knapp verfehlt. Inhaltlich dürfte es sich – wie eben schon angedeutet – um eine logische Folge aus KF 6 handeln.: Wo kein vollständiges Elternpaar zur

Verfügung stand, fehlte in der Regel der Vater. War ein solcher aber anwesend, so bestanden psychosozial belastende Kindheitsfaktoren häufig gerade in seiner psychopathologischen Auffälligkeit. Da dieser Kindheitsfaktor in den nächsten Kapiteln wiederholt auftauchen wird, wollen wir ihn schon hier inhaltlich bestimmen: Schwerwiegende psychische Auffälligkeiten der Väter verzeichnen wir unter den 40 Probanden der Untersuchung in 14 Fällen:

schwerer Alkoholismus mit geistiger Behinderung: 5 ×
schwere und schwerste Persönlichkeitsstörungen mit
Neigung zu aggressiven Exzessen und sexuellen
Übergriffen: 8 ×
schwere Pseudopsychopathie nach Hirnverletzungen,
traumatische Epilepsie: 1 ×

Damit umfaßt der Kindheitsfaktor der psychischen Auffälligkeiten der Väter ausschließlich schwerste Persönlichkeitsstörungen. In den Forschungsinterviews kommt die subjektive Betroffenheit der einstigen Kinder durch die psychopathologischen Syndrome ihrer Väter nachhaltig zum Ausdruck. – Die sehr signifikante Korrelation von KF 16 mit dem Auftauchen jener guten frühkindlichen Bezugsperson (KF 30) gibt einen weiteren Beleg dafür, was sich bei KF 6 (vollständiges Elternpaar) bereits andeutete: Waren beide Elternteile vorhanden, dann war häufig der Vater manifest psychisch gestört. Und gerade das könnte einerseits bewirken, daß eine kompensatorische hilfreiche Beziehung im Sinne von KF 30 ungeachtet des realen personellen Angebotes nicht zustande kommen konnte.

KF 22: War der Proband ein (relatives) Einzelkind und hatte damit entweder keine Geschwister, oder es bestand zu jenen ein Altersabstand von wenigstens sechs Jahren (daher auch ein logischer Zusammenhang mit KF 23), so tendiert er zur Gruppe A. Hier wird ebenfalls die statistische Signifikanz nur knapp verfehlt. KF 22 korrespondiert zudem aus offensichtlichen Gründen mit der Vollständigkeit der Elternbeziehung: Alleinerziehende Eltern haben eher Einzelkinder. Diese wiederum erhalten unter den erschwerten Lebensbedingungen in der Familie mit größerer Wahrscheinlichkeit die notwendige Zuwendung als andere, ohne hierum mit Geschwistern konkurrieren zu müssen. – Die positive Korrelation der Einzelkindschaft mit belastenden Lebensereignissen (KF 29, siehe dort) dürfte wesentlich als Kovariation zu KF 6 (vollständiges Elternpaar) aufzuklären sein.

KF 23: Der für KF 22 geschilderte Zusammenhang mit einer dichten Geschwisterfolge und mit der Wahrscheinlichkeit, ein psychogen kranker Erwachsener zu werden. spitzt sich dramatisch zu, wenn der Abstand zum nächsten Geschwister nur ein Jahr oder weniger beträgt. Erschwerend für die Prognose kommt über das dann eher vollständige Elternpaar (KF 6) die psychische Pathologie des Vaters (KF 16) mit allen Implikationen hinzu. – Auf den Zusammenhang einer sehr dichten Geschwisterfolge mit dem Geburtsjahrgang 1945 (KF 2) wurde schon hingewiesen. Die Korrelation mit den belastenden Lebensereignissen während der Vorschulzeit (KF 29) dürfte sich auch hier eher logisch aus den Definitionen der Faktoren ableiten als ein wirklicher Befund sein.

KF 29: Belastende, aber deutlich umschriebene Lebensereignisse während der Vorschulzeit weisen für unsere Stichprobe nur einen sehr leichten Zusammenhang mit seelischer Gesundheit im Erwachsenenalter auf. Die Irrtumswahrscheinlichkeit ist mit 17% ausgesprochen hoch. Nachdem in der Vergangenheit zahlreiche Autoren (u. a. *Rutter*, 1974) darauf hingewiesen haben, daß weniger die einschneidenden Lebensereignisse als vielmehr die Atmosphäre einer Kindheit insgesamt für eine gesunde seelische Entwicklung ausschlaggebend ist, verwundert an diesem Resultat am wenigsten die geringe Höhe der Korrelation. Ihre Richtung indessen widerspricht der Erwartung und könnte zur Vermutung provozieren, umschriebene belastende Lebensereignisse seien einer gesunden seelischen Entwicklung förderlich. Um nicht im Spekulativen zu bleiben,greifen wir auf die Interviewklartexte zu den 28 Probanden zurück, für die belastende Lebensereignisse während der Vorschulzeit angegeben wurden. Ein Versuch der Klassifikation dessen, was sich dort an frühkindlichen Belastungen findet, kommt zu folgenden Resultaten:

a) Wirrnisse der Nachkriegszeit: 3 ×
b) Krankheit und Tod eines Elternteils: 4 ×
c) Heimaufenthalte: 4 ×
d) familiäre Beziehungsabbrüche: 8 ×
e) zahlreiche Einzelereignisse im Kontext chaotisch-
asozialer Familien: 9 ×

Diese Auflistung charakterisiert die Problematik der Kategorie der belastenden Lebensereignisse während der Vorschulzeit (KF 29). Im Grunde handelt es sich dabei um einen „Sammeltopf", in dem mehr oder weniger eindeutig solche Kindheitsfaktoren auftauchen, die durch die vorangehenden 28 längst erfaßt sind. Die positive Korrelation dieses Faktors mit seelischer Gesundheit im Erwachsenenalter geht am ehesten zu Lasten der ersten drei obigen Kategorien (a bis c). Für diese im ersten Fall per Definition, in den zwei übrigen statistisch recht deutlich ein Zusammenhang mit dem Geburtsjahrgang 1945 nachzuweisen. Die beiden letzten Kategorien d und e dagegen beinhalten ebenfalls die unterschiedlichsten traumatischen Vorkommnisse, die aber ganz eindeutig einer hochgradigen Familienpathologie entstammen. Eine solche geht in unser Material zum Teil in KF 6 (vollständiges Elternpaar) ein, was den negativen Zusammenhang mit den belastenden Lebensereignissen in der Vorschulzeit erklärt.

Somit ist KF 29 im Gegensatz zu den anderen hier erörterten Kindheitsfaktoren in seinem inneren Gehalt uneinheitlich und hängt darüber hinaus von einer Vielzahl anderer, wesentlich eindeutiger definierten Kindheitsfaktoren ab, insbesondere vom Geburtsjahrgang und der Vollständigkeit des Elternpaares. Deshalb werden wir auf die weitere Bearbeitung dieses Faktors verzichten.

KF 30: Die stärkste Beziehung eines Kindheitsfaktors mit dem psychopathologischen Befund im Erwachsenenalter aber weist die Variable der stabilen, positiven Bezugsperson auf. War eine solche vorhanden, so findet sich in unserer Stichprobe eine Korrelation von $phi = .75$ und $phi_{korr} = 1.00$ mit der Zugehörigkeit zur Gruppe A der seelisch gesunden Erwachsenen. Demnach handelt es sich um einen extrem bedeutsamen Zusammenhang, mit welchem entweder der Status einer Halbwaise (KF 6) oder die psychopathologische Unauffälligkeit des Vaters (KF 16) hochsignifikant einhergeht.

Schlußfolgerung

Diese Zusammenschau jener Kindheitsfaktoren, die mit psychogener Erkrankung oder Gesundheit im Erwachsenenalter zumindest einer gewissen Tendenz nach korrelieren, bestätigt weitgehend unsere forschungsgeleiteten Erwartungen. In Kapitel I, 2 referierten wir im Anschluß an die Auflistungen von *Werner* und *Smith* (1982) die folgenden Faktoren, die bei global ungünstigen psychosozialen Kindheitsbedingungen eine seelische Erkrankung des Probanden als Erwachsener zusätzlich fördern:

So sahen *Werner* und *Smith* einen nachteiligen Effekt psychopathologischer Auffälligkeiten des Vaters oder der Mutter für die spätere seelische Gesundheit des Probanden als gegeben an. Das konnten wir in unserem Material nur für psychische Störungen der Väter knapp signifikant belegen; hingegen scheint die Präsenz einer mütterlichen Figur, und sei es als Ersatzmutter, zumindest für unsere Probanden derart entscheidend gewesen zu sein, daß die bei den (Ersatz-)Müttern ebenfalls zu vermerkenden psychopathologischen Auffälligkeiten demgegenüber recht gering zu Buche schlugen.

Eine gewisse Schwierigkeit bereitet die Interpretation der Auswirkung einer schlechten Elternbeziehung auf psychische Erkrankungen davon betroffener Kinder später im Erwachsenenalter. Die Theorie fordert zwar dergleichen, unser Zahlenmaterial vermag jedoch den Beleg nicht zu erbringen. Vielmehr wird höchst eindrucksvoll der schützende Effekt einer unvollständigen Familie bestätigt.

Da weder theoretisch noch empirisch die allgemeine These zu stützen wäre, nach der die seelische Entwicklung eines Menschen unseres Kulturkreises besser im Zusammenleben mit nur einem Elternteil gelänge und vor allem die Väter einer gesunden Entwicklung ihrer Kinder im Wege stünden, bietet sich die folgende Interpretation an: Unsere Probanden haben, sofern sie in einer vollständigen Familie aufwuchsen, zwar (oder auch besonders) die psychosoziale Auffälligkeit ihrer Väter geschildert, die Qualität der Beziehung ihrer Eltern zueinander hingegen allzu harmonisch dargestellt. Dem mag das allgemeinmenschliche Bedürfnis zugrunde liegen, einer „normalen" Familie zu entstammen, insbesondere wenn man fürchtet, der negativen Extremseite anzugehören. – Eine solche Interpretation wäre damit zu vereinbaren, daß unvollständige Familienverhältnisse eher mit der späteren Gesundheit unserer Probanden einhergehen und psychopathologische Auffälligkeiten anwesender Väter dieser entgegenstehen, seltsamerweise aber die Angaben zur Qualität der elterlichen Beziehung das nicht widerspiegeln.

Wenn auch mit einigen Hilfsüberlegungen, so hat bereits die nun abgeschlossene (univariate) Analyse einzelner Kindheitsfaktoren die Forschungserwartungen weitgehend bestätigt. Wo dies ausblieb, etwa hinsichtlich der Psychopathologie der Mutter oder der Pathologie der elterlichen Beziehung, waren wesentlich Besonderheiten der untersuchten Stichprobe und subjektive Tendenzen in den biographischen Angaben (etwa zur Qualität der Elternbeziehung) dafür verantwortlich. Einzig die Erwartung eines nachteiligen Einflusses der ersten Position in einer Geschwisterreihe wurde durch die Zahlen deutlich widerlegt.

7. Modellgeleitete Zusammenschau der bedeutsamen Kindheitsfaktoren

Damit die statistische Analyse nicht mit der Anhäufung einzelner Vergleiche enden muß, soll schließlich ein mehrdimensionales Modell die theoretischen Grundlagen und empirischen Erträge (Tabelle 8 und 9) dieser Untersuchung zusammenfassen. – Die Erwartungen an die statistische Prüfung eines solchen Modells müssen freilich bescheiden bleiben: Sowohl die unabhängigen Variablen der frühen Kindheit als auch die abhängige Variable der Zugehörigkeit zur Gruppe A oder B sind durchgängig dichotomisiert (entweder-oder-Kategorien). Deshalb scheiden alle gängigen Methoden aus, die eine Intervallskalierung der Ausgangsdaten erfordern, wie etwa multiple Regressionsanalysen, Diskriminanzanalysen, Varianz-, Pfad- und sogar Faktorenanalysen. Dieser beachtliche Preis an Eleganz möglicher Auswertungsverfahren wird aufgewogen durch die hohe Verläßlichkeit der dann immer noch bedeutsamen Befunde. (Man denke nur an die zwangsläufig sehr viel bessere Reliabilität einer dichotomen Variablen gegenüber einer Intervallskalierung).

Zunächst veranschaulicht Abbildung 1 das *theoretische Modell*. Für erwachsene Probanden mit einer bereits generell hohen psychosozialen Belastung während der Vorschulzeit wird folgender Zusammenhang postuliert: Psychogene Erkrankungen im Erwachsenenalter sind dann hochsignifikant häufiger, wenn spezielle psychosoziale Belastungsmomente während der frühen Kindheit aus dem primären Umfeld auf den Probanden eingewirkt haben. Gleichzeitig sind psychogene Erkrankungen im Erwachsenenalter dann hochsignifikant seltener, wenn dem Probanden während eines Großteils der Vorschulzeit zuverlässig eine stabile, positive Bezugsperson zur Seite stand. Eine Kovariation zwischen der Variablen der Bezugsperson und jener der speziellen frühkindlichen psychosozialen Belastungsmomente ist wahrscheinlich, eine Aussage über ihre Richtung indessen theoriegeleitet nicht möglich.

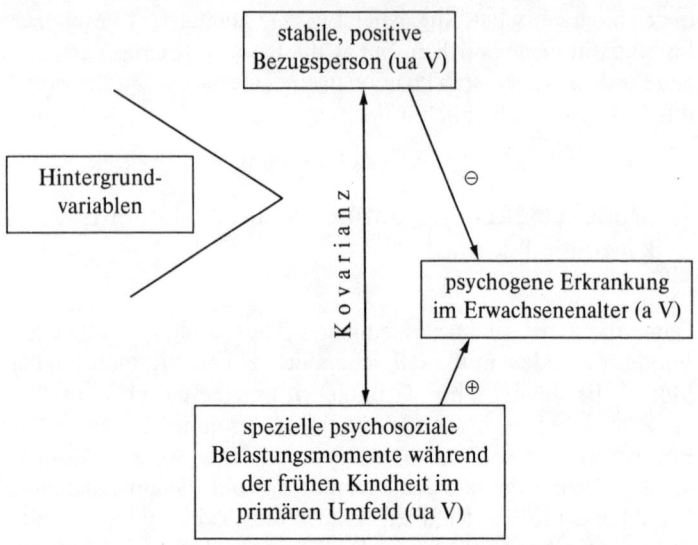

Abbildung 1: Bedingungsmodell zum Einfluß spezieller frühkindlicher Lebensbedingungen (ua V) bei insgesamt hoher psychosozialer Belastung im Vorschulalter auf die Entstehung psychogener Erkrankungen im Erwachsenenalter (aV)

Der soeben skizzierte modellhafte Zusammenhang ist eingebettet in einen Kontext von sog. *Hintergrundvariablen* aus psychosozialen Rahmenbedingungen, innerhalb derer sich die Vorschulzeit eines Probanden abgespielt hat.

Psychosoziale Hintergrundvariablen bleiben während der Vorschulzeit im wesentlichen konstant und wirken nur mittelbar auf den Probanden ein, indem sie die bedeutsamen Interaktionen innerhalb des primären Umfeldes prägen. Das gilt für die nach den Einzelanalysen (Tabelle 8) noch verbliebenen Kindheitsfaktoren

KF 2: Geburtsjahr und

KF 6: überwiegende Anwesenheit beider (Ersatz-)Eltern während der Vorschulzeit.

Alle anderen in Tabelle 8 angeführten Variablen (KF 16, 22, 23), mit Ausnahme der in das Modell gesondert eingeführten stabilen, positiven Bezugspersonen (KF 30), zählen wir zu den speziellen frühkindlichen Belastungsmomenten.

Zwei Vorbemerkungen sind allerdings geboten:
a) Die nun tatsächlich in das Modell eingegangenen Kindheitsfaktoren

sind auch in Abbildung 2 entsprechend ihrer bisherigen Numerierung aufgeführt. Die Benennung wurde aber so gefaßt, daß Zusammenhänge möglichst einfach zu formulieren sind. Beispielsweise wurden Verneinungen in der Beschreibung der Variablen vermieden. So sprechen wir etwa bei KF 22 von „Geschwister im Altersabstand von unter sechs Jahren vorhanden" statt wie bisher „keine Geschwister im Abstand unter sechs Jahren vorhanden" oder von „(relativem) Einzelkind". Die neugewählte Formulierung bringt den speziellen psychosozialen Belastungsfaktor im frühkindlichen Umfeld unmittelbar zum Ausdruck.

b) Die unabhängige Variable der stabilen, positiven Bezugsperson während der frühen Kindheit sowie die abhängige des psychischen Befundes im Erwachsenenalter sind dichotomisiert. Dementsprechend ist die Überzufälligkeit ihres Zusammenhanges über eine Vierfelder-Korrelation festzustellen. Über die zugehörigen korrigierten phi-Werte sind Vierfelder-Korrelationen direkt miteinander vergleichbar.

Mit der Frage jedoch, wie die komplexe Variable der speziellen psychosozialen Belastungsmomente im frühkindlichen Umfeld behandelt werden soll, stehen wir vor einer Schwierigkeit. Von zwei naheliegenden Möglichkeiten besteht die eine darin,

(1) die drei verbleibenden Kindheitsvariablen in ihrem Ausprägungsgrad für jeden Probanden aufzuaddieren. Wer also Geschwister in einem Altersabstand bis zu sechs Jahren hatte und darüber hinaus einen psychopathologisch deutlich auffälligen Vater als Kleinkind miterleben mußte, der bekäme im Ausprägungsgrad seiner speziellen psychosozialen Belastung im Vorschulalter den Wert 2 zugeschrieben; wer in seiner Frühgenese mit keinem der drei Kindheitsfaktoren konfrontiert war, den Wert 0. Somit wäre die Variable der speziellen psychosozialen Belastungsmomente, die für unser Bedingungsmodell aus den in Frage kommenden Kindheitsfaktoren eigens zu bilden ist, mindestens auf dem Niveau einer Rang-, mit hoher Wahrscheinlichkeit aber sogar auf dem einer Intervallskala angesiedelt. Das wiederum eröffnete die Möglichkeit, den Zusammenhang zwischen den Variablen der spezifischen psychosozialen Belastung in der Vorschulzeit und der psychogenen Erkrankungen im Erwachsenenalter durch ein informationsstärkeres Maß als die Vierfelder-Korrelation auszudrücken, etwa durch eine punkt-biseriale Korrelation. Der Nachteil liegt aber auf der Hand: Ein solcher, relativ informationshaltiger Korrelationskoeffizient wäre mit den übrigen Vierfelder-Koeffizienten im Modell nicht mehr zu vergleichen.

(2) Deshalb wird die andere Möglichkeit vorgezogen und auch für die Variable der speziellen psychosozialen Belastungen in der Vorschulzeit eine Vorschrift zur Dichotomisierung (entweder-oder-Fassung) festgelegt: Es habe die Variable den Ausprägungsgrad 0, wenn keiner oder nur einer der drei in Frage kommenden speziellen frühkindlichen Belastungsfaktoren positiv ausgeprägt ist. Sie habe den Wert 1, wenn zwei oder gar alle drei in der Frühgenese eines Probanden auszumachen wären. Die so festgelegte

113

Dichotomisierung sichert aufgrund der Zahlenverhältnisse den höchstmöglichen Zusammenhang zwischen der Variablen der speziellen psychosozialen Belastung und den psychogenen Erkrankungen im Erwachsenenalter. Jede andere denkbare Schnittstelle zur Dichotomisierung der Variablen hätte diese Vierfelder-Korrelation erniedrigt. Der Abbildung 2 ist zu entnehmen, daß bei der gewählten Aufteilung die Variable der speziellen psychosozialen Belastungsmomente in der Frühgenese mit phi = .50 und mit phi$_{korr}$ = .59 zu den psychogenen Erkrankungen im Erwachsenenalter korrespondiert.

Das komplexe Bedingungsmodell

Jetzt läßt sich die Darstellung in Abbildung 2 leicht entschlüsseln. Man vergleicht dazu am besten die korrigierten Vierfelder-Korrelationen (unterstrichen). Auf sie trifft das gleiche Signifikanzniveau zu, das für die einfachen Vierfelder-Korrelationen angegeben ist. Betrachtet man zunächst ausschließlich den Zusammenhang der unabhängigen Variablen mit der abhängigen, so hat für unsere Stichprobe aus Personen mit einer global hohen Belastung während der Vorschulzeit die Variable KF 30 (stabile, positive Bezugsperson während der Frühgenese) den stärksten und auch höchst signifikanten, und zwar negativen Zusammenhang mit psychogenen Erkrankungen im Erwachsenenalter: Wenn der Proband Angaben über das Vorhandensein einer stabilen, positiven Bezugsperson machen kann, so erwarten wir für ihn, ungeachtet seiner schweren frühkindlichen Belastungen, später keine psychogenen Erkrankungen. Das stützt sehr nachdrücklich die Hauptthese der Untersuchung.

Ein sehr signifikanter Zusammenhang besteht aber auch zwischen der dichotomisierten Variablen „zwei oder mehr spezielle psychosoziale Belastungen im frühkindlichen Umfeld" mit „seelischer Erkrankung im Erwachsenenalter". Wie der Ausprägungsgrad dieser Variablen aus den Kindheitsfaktoren 16, 22 und 23 resultiert, wurde soeben erläutert. Auch dieser sehr signifikante Zusammenhang entspricht den Erwartungen. Ferner scheint folgendes bemerkenswert: Die drei Kindheitsfaktoren, die in ihrer Kombination nunmehr die Variable der psychosozialen Belastung bilden, entstammen einem Sample von 29 Kindheitsfaktoren (KF 30: „stabile, positive Bezugsperson" ist hier ausgenommen), für die, wenn auch mit unterschiedlichem Nachdruck, aufgrund theoretischer Überlegungen und empirischer Erfahrungen ein Zusam-

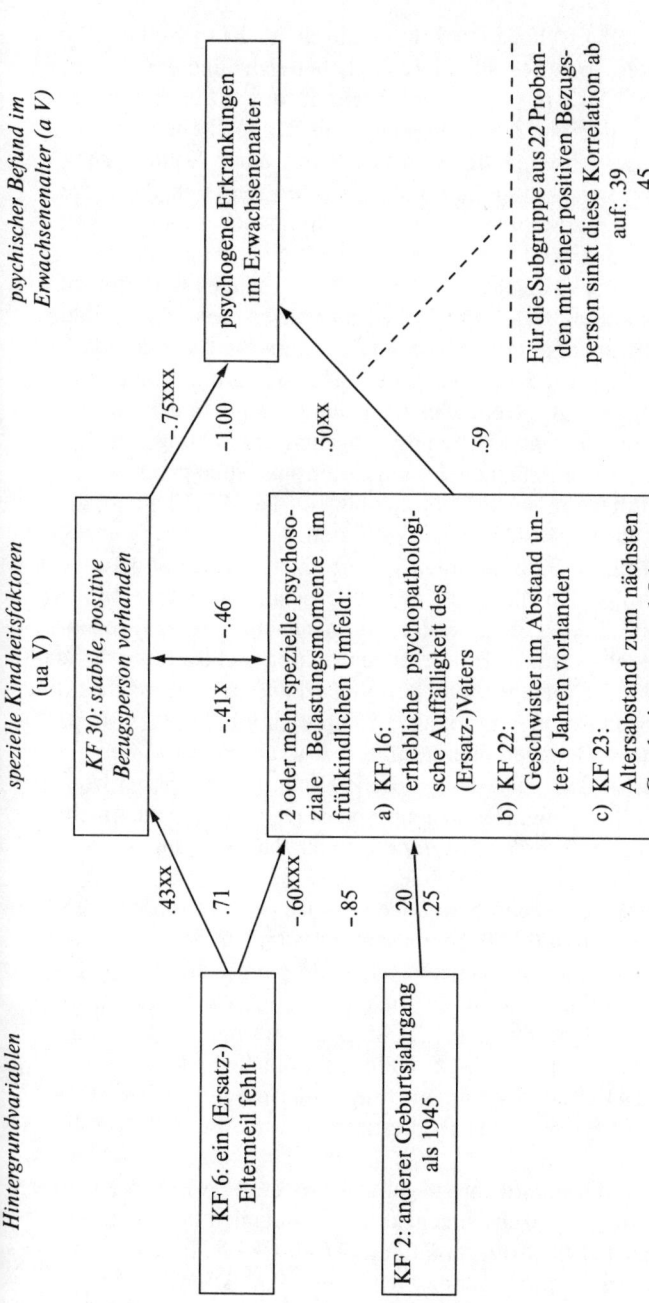

Abbildung 2: Bedingungsmodell zum Einfluß spezieller frühkindlicher Lebensbedingungen (uaV) bei global hoher psychosozialer Belastung im Vorschulalter auf die Entstehung psychogener Erkrankungen im Erwachsenenalter (aV). Angegeben werden die Vierfelderkorrelationen „phi" sowie unterstrichen „phikorr".

menhang mit psychogenen Erkrankungen im Erwachsenenalter erwartet werden durfte. Von diesen 29 haben sich nur drei Faktoren (KF 16, 22, 23) zur weiteren Bearbeitung qualifiziert unter der Bedingung, daß ein Zusammenhang mit der seelischen Erkrankung im Erwachsenenalter wenigstens mit einer rechnerischen Sicherheit von 80% bestehen sollte. Und nun zeigt sich, daß diese drei Variablen zusammengenommen psychogene Erkrankungen im Erwachsenenalter für unsere spezielle Stichprobe aus Menschen, die in der Vorschulzeit hohen psychosozialen Belastungen ausgesetzt waren, zwar sehr signifikant vorhersagen können, bei weitem aber nicht mit einer solchen Zuverlässigkeit, wie das *allein* aufgrund der An- oder Abwesenheit einer stabilen, positiven Bezugsperson gelingt. – Geht man einen Schritt weiter und betrachtet den Zusammenhang zwischen psychogenen Erkrankungen im Erwachsenenalter und den dichotomisierten speziellen psychosozialen Belastungen in der Frühgenese nur für die 22 Probanden, die über eine positive Bezugsperson verfügten, dann sinkt diese Korrelation auf phi = .39 bzw. phi$_{korr}$ = .45 ab: Für diese Subgruppe unserer Probanden, die über eine stabile, positive Bezugsperson in der frühen Kindheit verfügten (d. h. immer auch, daß diese Probanden sich jene Verfügbarkeit zunutze machten), ist die zusätzliche Information, ob für jene Menschen gleichzeitig spezielle psychosoziale Belastungsmomente vorlagen, für ihre Zuordnung zur Gruppe der psychogen kranken oder gesunden Erwachsenen viel weniger bedeutsam als für eine unausgelesene Stichprobe mit hoher frühkindlicher Belastung. Die Gegenprobe ist rechnerisch leider nicht möglich, da in unserer Stichprobe kein einziger Proband war, der mit Sicherheit über *keine* stabile, positive Bezugsperson verfügte und trotzdem ein seelisch gesunder Erwachsener geworden wäre. Wenn demnach unter allgemein sehr belastenden psychosozialen Kindheitsbedingungen keine positive Bezugsperson zur Verfügung steht, erkranken diese Probanden, ungeachtet dessen, ob zusätzlich noch weitere spezielle Belastungsmomente auf sie einwirken oder nicht. In diesem Falle sinkt die Bedeutsamkeit der besonderen Belastungsmomente hinsichtlich psychogener Erkrankungen im Erwachsenenalter drastisch ab, für unsere Stichprobe auf Null!

Damit ist die signifikante negative Korrelation zwischen KF 30 (stabile, positive Bezugsperson) und der Variablen der speziellen psychosozialen Belastungsmomente Ausdruck des Informationsverlustes, der entsteht, wenn psychogene Erkrankung im Erwach-

senenalter nicht anhand der Variablen „stabile Bezugsperson",
sondern anhand der Variablen „spezielle psychosoziale Belastungsmomente" prognostiziert wurde.

Betrachten wir nun die *Hintergrundvariablen* unseres Bedin-
gungsmodells und beginnen mit KF 2, der Zugehörigkeit zum
Geburtsjahrgang 1945 einer- oder 1935 bzw. 1955 andererseits.
Diese Variable korreliert sehr bescheiden und nicht signifikant, in
der Tat am schwächsten von allen, mit der Variablen der speziellen
Belastungsmomente. Wie wir aus Tabelle 9 entnehmen, geht dies
zu Lasten einer allerdings sehr signifikanten Korrelation von phi =
-.39 bzw. phi_{korr} = -.64 mit der Variablen KF 23 (Altersabstand
zum nächsten Geschwister bis zu einem Jahr). Wie das zeitge-
schichtlich zusammenhängt, wurde oben bereits diskutiert.

Wesentlich stärker schlägt die Hintergrundvariable KF 6 „Ein
(Ersatz-)Elternteil fehlt" zu Buche. Ihre sehr signifikante Korrelation mit KF 30 „Stabile, positive Bezugsperson vorhanden" wurde
ebenfalls oben schon erörtert. Es dürfte sich auch hier um einen,
wenn auch nicht statistisch bedeutsamen, zeitgeschichtlichen Effekt handeln, mehr aber noch um die Auswirkung der Tatsache,
daß ein vollständiges Elternpaar unter den Bedingungen unserer
speziellen Stichprobe in der Regel ein spannungsreiches innerfa-
miliäres Klima hervorruft: Entweder reduziert sich die Möglichkeit
des faktischen Auftretens einer potentiell positiven Bezugsperson,
und/oder der spätere Proband wird als Kind daran gehindert, das
Angebot einer solchen Bezugsperson aufzugreifen. Das drückt sich
deutlich in der höchst signifikanten Korrelation zwischen KF 6
(Fehlen eines Elternteils) und den speziellen psychosozialen Belastungsmomenten aus. War das (Ersatz-)Elternpaar aber vollständig, so wächst – da es sich um eine generell schwer belastete
Kindheit handelte – die Wahrscheinlichkeit, daß zwei oder gar drei
der speziellen psychosozialen Belastungsmomente in der Kindheit
des Probanden überhaupt erst auftreten.

Das reduzierte Bedingungsmodell

Tabelle 9 ermutigt dazu, einmal nur mit Hilfe von KF 30 (stabile
Bezugsperson) und KF 6 (Vollständigkeit der Elternbeziehung)
eine Vorhersage von psychogener Erkrankung bzw. Gesundheit im
Erwachsenenalter zu versuchen. Abbildung 3 zeigt dann drastisch
vereinfachte Zusammenhänge. Dieses reduzierte Bedingungsmo-

117

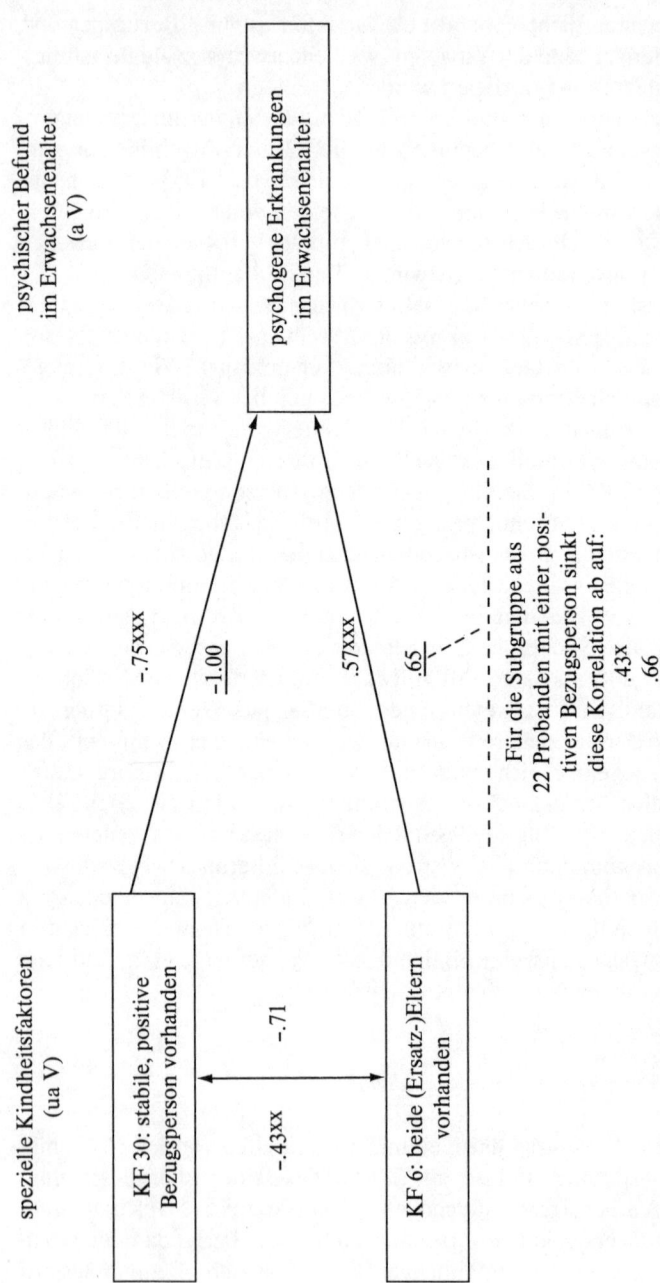

Abbildung 3: Ein reduziertes Bedingungsmodell zur Entstehung psychogener Erkrankungen im Erwachsenenalter bei hoher psychosozialer Belastung während der Vorschulzeit

dell verdeutlicht ebenfalls, daß die Information der Variablen KF 30 (positive Bezugsperson) nicht ersetzbar ist durch die Information in KF 6 (beide [Ersatz-]Eltern vorhanden). Nach wie vor besteht nämlich der stärkste Zusammenhang von psychogener Erkrankung im Erwachsenenalter mit dem Vorhandensein oder dem Fehlen einer stabilen, positiven Bezugsperson.

Auch für die Subgruppe aus den 22 Probanden, die über eine positive Bezugsperson verfügten, sinkt „phi" nur geringfügig ab, und „phi$_{korr}$" bleibt konstant. Im Gegensatz zur Variablen „spezielle psychosoziale Belastungsmomente" aus dem ursprünglichen Bedingungsmodell (Abbildung 2) besitzt KF 6 im reduzierten Modell nun einen von KF 30 durchaus unabhängigen Informationsgehalt hinsichtlich der Zugehörigkeit unserer Probanden zur Gruppe der psychogen erkrankten bzw. gesunden Erwachsenen. Die negative Korrelation zwischen diesen beiden Bedingungsfaktoren ist damit nicht Ausdruck eines Informationsverlustes beim Übergang von KF 30 auf KF 6. Mit anderen Worten: Zwar reduziert die Tatsache einer vollständigen Elternbeziehung bei hoher globaler Belastung in der Kindheit die Wahrscheinlichkeit, mit der eine stabile, positive Bezugsperson auftritt. Dennoch besitzen beide Faktoren (KF 6 und KF 30) ein eigenständiges kausales Gewicht für das Zustandekommen psychogener Erkrankungen im Erwachsenenalter. Darin besteht das wesentliche Argument, das reduzierte Bedingungsmodell trotz seiner inhaltlichen Kargheit nicht nur aus arbeitsökonomischen, sondern auch aus Gründen des tatsächlichen Informationsgehaltes dem ursprünglichen Modell vorzuziehen, worin das Faktum eines vollständigen Elternpaares nur als Hintergrundvariable vorkam.

8. Quantitative Kombination der Kindheitsmerkmale zur Prognose von psychogen kranken oder gesunden Erwachsenen

In den vorangegangenen Kapiteln konnten durch einfachen statistischen Vergleich sowie durch eine modellgeleitete mehrdimensionale Betrachtungsweise die anfänglichen Erwartungen dieser Forschungsarbeit bestätigt werden. Ein wesentlicher Fragenkomplex indessen war durch die bisherigen Vorgehensweisen noch nicht zu klären; dazu zählt beispielsweise die Frage: Welche *zusätz-*

liche Information kommt im ursprünglichen Modell (Abbildung 2) der Variablen der speziellen frühkindlichen Belastungen zu, wenn für einen bestimmten Probanden KF 30 (Vorhandensein einer stabilen, positiven Bezugsperson in der Kindheit) schon bekannt ist? Anhaltspunkte hierfür ergaben sich lediglich im Vergleich der Korrelationen zwischen den Variablen der speziellen psychosozialen Belastungsmomente mit den psychogenen Erkrankungen im Erwachsenenalter für die gesamte Stichprobe (N = 35) im Vergleich zur Subgruppe jener Probanden (N = 22), die tatsächlich über eine positive Bezugsperson verfügt hatten. Demnach war deren Fehlen auch durch die Abwesenheit spezieller Belastungsmomente nicht aufzuwiegen. Letzterem kam mit Blick auf die spätere seelische Gesundheit nur dann eine Bedeutung zu, wenn auch eine stabile Bezugsperson ausgemacht werden konnte.

Sehr viel präziser ist die hier angeschnittene Fragestellung aber durch die detaillierte Analyse tatsächlicher Merkmalskonfigurationen in der Gesamtstichprobe zu beantworten. Das Problem stellt sich folgendermaßen: Wenn wir einen beliebigen Probanden zufällig aus unserer Stichprobe herausgreifen und uns darüber informieren, ob er in seiner frühen Kindheit auf eine stabile, positive Bezugsperson zurückgreifen konnte bzw. ob er – im ursprünglichen Modell – speziellen psychosozialen Belastungsmomenten ausgesetzt war oder – im reduzierten Modell – ob beide Elternfiguren vorhanden waren, mit welcher Sicherheit könnten wir ihn dann korrekt der Gruppe der psychogen erkrankten oder gesunden Erwachsenen zuordnen? Die eleganteste Lösung dieser Frage wäre, eine Diskriminanzanalyse durchzuführen. Leider kommt das aufgrund des niedrigen Skalenniveaus unserer Daten nicht in Frage. Es bleibt indessen eine ausgesprochen simple Alternative, und ihr Vorteil ist die Anschaulichkeit. Diese Alternative sei zunächst für das ursprüngliche, inhaltsreichere Modell vorgeführt. Letzlich geht es um den Vergleich von Wahrscheinlichkeiten der korrekten Gruppenzuordnung unter systematisch variierten Bedingungen. Aus diesen Wahrscheinlichkeiten ist dann abzulesen, wie viel eigene Information eine bestimmte Variable im Vergleich zu anderen oder Kombinationen anderer enthält.

Bekannt sei für einen zufällig herausgegriffenen Probanden der Gesamtstichprobe (N = 35, denn nur für so viele liegen die einschlägigen Informationen zu KF 30 vor), ob er als Kleinkind auf eine solche gute Person zurückgreifen konnte. Dies wird in Tabelle 10 dargestellt.

Tabelle 10: Die Verteilung der Probanden mit und ohne positive Bezugspersonen in der frühen Kindheit auf psychogene Krankheit/Gesundheit im Erwachsenenalter

| | *positive Bezugsperson* | | |
	fehlt	vorhanden	
gesund Gruppe A	0 0%	17 48,57%	17 48,57%
krank Gruppe B	13 37,14%	5 14,29%	18 51,43%
	13 37,14%	22 62,86%	35 100%

Die Wahrscheinlichkeit der korrekten Zuordnung eines beliebigen Probanden der Stichprobe für die Bedingungen:

a) „vorhanden" + „fehlt" $\frac{13 + 17}{35} = 85,7\%$

b) „fehlt" $\frac{13}{13} = 100\%$

c) „vorhanden" $\frac{17}{22} = 77,3\%$

Zur Erläuterung: Für einen beliebigen Probanden der Stichprobe, von dem man weiß, ob ihm eine positive, stabile Bezugsperson während der frühen Kindheit zu Gebote stand oder nicht, wird – da ja die Verteilung im Vierfelder-Schema bekannt ist – zu erwarten sein, daß er im positiven Falle der gesunden und im negativen Falle der kranken Gruppe angehört. Bei dieser Vorgehensweise wird es jedoch unvermeidlich in 5 der 35 Fälle zu einer Fehlplazierung kommen. Daher ist die Erwartung einer korrekten Plazierung eines beliebigen Probanden unter den angegebenen Bedingungen lediglich 30 : 35 = 85,7%. Diese Wahrscheinlichkeit einer korrekten Zuordnung für die gesamte Stichprobe verteilt sich aber nicht gleichmäßig auf die beiden Bedingungen „positive Bezugsperson vorhanden" oder „fehlend". Fehlt die positive Bezugsperson, so werden wir mit 100%iger Sicherheit einen so charakterisierten Probanden der Gruppe der Kranken zuordnen, einfach weil wir wissen, daß unter dieser Bedingung zumindest in der untersuchten Stichprobe überhaupt keine gesunden Probanden anzutreffen waren. Liegt jedoch die Information vor, daß ein Proband unserer Stichprobe über eine positive Bezugsperson verfügte, werden wir aufgrund der Zahlenverhältnisse tunlichst seine Zugehörigkeit zur Gruppe der Gesunden prognostizieren, wohl wissend, uns dabei in 5 von 22 Fällen zu irren. Unter der Ausprägung „vorhanden" des Merkmals „positive, stabile Bezugsperson in der frühen Kindheit" werden wir mithin nur mit einer Wahrscheinlichkeit von 77,3 % eine korrekte Zuordnung treffen können.

Damit ist bereits entschieden, daß die zusätzliche Betrachtung einer weiteren Variablen, etwa der speziellen psychosozialen Belastungsmomente oder das Vorhandensein beider Elternfiguren, überhaupt *nur* in dem Fall eine verbesserte Zuordnung eines beliebigen Probanden erlaubt, wenn dieser auch über eine positive Bezugsperson verfügte. Denn fehlt eine solche, dann liegt zumindest für die Probanden unserer Stichprobe die Zuordnung zur Gruppe der Kranken ja bereits 100%ig fest.

Bevor wir jedoch zur kombinierten Betrachtungsweise übergehen, sei das Verfahren für die dichotomisierte Einzelvariable der speziellen psychosozialen Belastung der Vorschulzeit wiederholt (Tabelle 11).

Tabelle 11: Die Verteilung der Probanden mit niederen und hohen speziellen psychosozialen Belastungen während der Vorschulzeit auf psychogene Krankheit/Gesundheit im Erwachsenenalter

Spezielle Belastungen während der Vorschulzeit

	niedrig	hoch	
gesund Gruppe A	14 40,00%	3 8,57%	17 48,57%
krank Gruppe B	6 17,14%	12 34,29%	18 51,43%
	20 57,14%	15 42,86%	35 100%

Die Wahrscheinlichkeit der korrekten Zuordnung eines beliebigen Probanden der Stichprobe für die Bedingungen:

a) „niedrig" und „hoch"   b) „niedrig"   c) „hoch"

$$\frac{14 + 12}{35} = 74,3\%$$ $$\frac{14}{20} = 70,0\%$$ $$\frac{12}{15} = 80,0\%$$

Wir sehen dann, daß mit dieser Variablen allein ein beliebiger Proband mit einer Wahrscheinlichkeit von 74,3 % korrekt seiner

Gruppe der psychogen kranken oder gesunden Erwachsenen zugeteilt werden kann. Auch hier gilt diese Wahrscheinlichkeit für die Gesamtgruppe nicht gleichmäßig für die einzelnen Ausprägungsformen: Ist das Merkmal wenig ausgeprägt, so gelingt eine korrekte Zuordnung mit einer Wahrscheinlichkeit von 70,0%, bei hoher Ausprägung aber von 80%.

Mit einem von *Clauß* und *Ebner* (1979, s. 172ff.) angegebenen Verfahren läßt sich schätzen, ob Unterschiede in den Häufigkeiten (meist in Prozenten angegeben), in denen bestimmte Merkmale auf verschiedene Stichproben zutreffen, einen Zufallseffekt darstellen oder nicht. Das angegebene Verfahren ergibt eine Signifikanz auf dem 5-%-Niveau, mit der die Zuordnung zu den Gruppen A und B mittels Informationen zum Vorhandensein einer stabilen, positiven Bezugsperson (diese gelingt zu 85,7%) der Zuordnung mittels Informationen über spezielle Belastungen während der Vorschulzeit (gelingt zu 74,3%) überlegen ist. Die eindeutige Zuordnung aufgrund der Kenntnis, ob eine positive Bezugsperson vorhanden war oder nicht, ist damit signifikant aussagekräftiger hinsichtlich psychogener Erkrankung bzw. Gesundheit im Erwachsenenalter als Kenntnisse von speziellen psychosozialen Belastungsmomenten während der Vorschulzeit.

Nun fragt sich: Welchen Gewinn bringt die *Kombination* beider Variablen? Die Antwort gibt Tabelle 12.

Tabelle 12: Kombination der Tabelle 10 mit der Tabelle 11

| positive Bezugsperson: | fehlt | | vorhanden | | |
spez. psychosoz. Belastung:	niedrig	hoch	niedrig	hoch	
gesund Gruppe A	0 0%	0 0%	14 40%	3 8,57%	17 48,57%
krank Gruppe B	4 11,43%	9 25,72%	2 5,71%	3 8,57%	18 51,43%
	4 11,43%	9 25,72%	16 45,71%	6 17,14%	35 100%

Die Wahrscheinlichkeit der korrekten Zuordnung eines beliebigen Probanden der Stichprobe für die Bedingungen:

a) Mittel aller Bedingungen

$$\frac{4 + 9 + 14 + 3}{35} = 85,7\%$$

b) „fehlt" + „niedrig"

$$\frac{4}{4} = 100\%$$

c) „fehlt" + „hoch"

$$\frac{9}{9} = 100\%$$

d) „vorhanden" + „niedrig"

$$\frac{14}{16} = 87,5\%$$

e) „vorhanden" + „hoch"

$$\frac{3}{6} = 50\%$$

Der Vergleich der Wahrscheinlichkeiten einer korrekten Zuordnung beliebiger Probanden der Stichprobe zur Gruppe der psychogen Kranken oder Gesunden zeigt, daß allein mittels KF 30 eine korrekte Zuordnung in 85,7% der Fälle möglich ist. Diese Wahrscheinlichkeit für die Gesamtstichprobe wird durch Kombination mit Informationen über spezielle frühkindliche Belastungen nicht im geringsten erhöht. Für die korrekte Zuordnung eines beliebigen Probanden aus der Gesamtstichprobe bringt mithin die zweite Variable keinen zusätzlichen Gewinn über KF 30 hinaus.

Die Verhältnisse differenzieren sich allerdings etwas, wenn man in die Untergruppen der Tabelle 12 schaut: Ist eine frühkindliche positive Bezugsperson stabil vorhanden und die Belastung durch spezielle psychosoziale Kindheitsfaktoren niedrig, dann steigt die Wahrscheinlichkeit der korrekten Zuordnung um 10,2% auf 87,5% gegenüber einer Schätzung, die allein vom Vorhandensein einer positiven Bezugsperson ausgeht (77,3%). Dieser Zuwachs an Präzision der Vorhersage geht mit einem Verlust in der Nachbarspalte einher: Ist eine positive Bezugsperson vorhanden, die spezielle psychosoziale Belastung aber hoch, so sinken die Chancen einer korrekten Zuordnung auf das schiere Zufallsniveau ab und betragen nur noch 50%. Vermutlich entsprechen diese differentiellen Verschiebungen den realen Verhältnissen und daher auch einem Erkenntnisgewinn.

Was läßt sich nun festhalten zu der Frage, ob eine zusätzliche und kombinatorische Beachtung der Variablen „spezielle psychosoziale Belastung während der Frühkindheit" neben KF 30 (positive, stabile Bezugsperson) den Aufwand lohnt? Für die Gesamtstichprobe ist dies nicht im geringsten der Fall, ebensowenig für jene Probanden, die von keiner positiven Bezugsperson berichten können. Sie werden allein aufgrund dieses Faktums mit 100%iger Sicherheit der Gruppe der psychogen Erkrankten zugeordnet. Für jene, die zwar über eine solche Bezugsperson verfügten, aber unter einer hohen Belastung durch spezielle Kindheitsfaktoren standen, verringert sich indessen die Wahrscheinlichkeit einer korrekten Gruppenzuordnung deutlich. Dies muß allerdings kein Informationsverlust sein, sondern darf durchaus als Klarstellung der tatsächlichen Verhältnisse verstanden werden: Die Aussichten eines Kindes, welches einer insgesamt hohen frühkindlichen Belastung und auch noch mehreren speziellen Erschwernissen ausgesetzt war, doch ein psychisch gesunder Erwachsener zu werden, betragen dann immerhin 50%, wenn eine positive, stabile Bezugsperson dieses Kind durch die Vorschulzeit zuverlässig begleitete. Eine solche Quote scheint keineswegs gering, drückt aber im Vergleich zu einer Quote von 77,3% seelisch Gesunder unter jenen, die eine positive, stabile Bezugsperson hatten, doch den belastenden Einfluß hoher spezieller psychosozialer Traumatisierungen aus. Entsprechend steigt auch der Anteil seelisch Gesunder auf 87,5%, wenn eine positive Bezugsperson zwar gegeben, spezielle psychosoziale Belastungen aber nur gering ausgeprägt waren.

Demnach dürfen wir festhalten: Unter der Voraussetzung einer summarisch beurteilt hochgradig traumatisierenden Kindheit reicht schon das Wissen um den Mangel einer positiven, stabilen Bezugsperson aus, um für einen Probanden psychogene Krankheit im Erwachsenenalter mit 100%iger Sicherheit erwarten zu lassen. Zusätzlicher Informationen über spezielle psychosoziale Belastungen bedarf es dann nicht mehr. Anders, wenn eine positive, stabile Bezugsperson zur Verfügung stand. Dann diskriminiert die Variable „spezielle psychosoziale Belastungen im Vorschulalter" zwischen psychogen kranken und gesunden Erwachsenen.

Die Merkmalkombinationen im reduzierten Modell

Was ergibt die gleiche Methode für das reduzierte Bedingungsmodell (Abbildung 3)? Zunächst unterrichtet Tabelle 13 über die Verteilung der Probanden mit vollständigem und unvollständigem Elternpaar (KF 6) auf die Gruppen der psychogen kranken und der gesunden Erwachsenen. Mit Hilfe beider Merkmalausprägungen zusammen („vollständig" und „unvollständig") gelingt eine korrekte Zuordnung von 77,14% der Probanden. Hiervon unterscheiden sich die Zuverlässigkeit der Zuordnungen auf der Grundlage nur einer Merkmalausprägung nur unwesentlich (75% für die Bedingung „vollständig" und 80% für die Bedingung „unvollständig").

Tabelle 13: Die Verteilung der Probanden mit vollständigem und unvollständigem Elternpaar auf psychogene Krankheit/Gesundheit im Erwachsenenalter

Elternpaar

	vollständig	unvollständig	
gesund Gruppe A	5 14,28%	12 34,29%	17 48,57%
krank Gruppe B	15 42,86%	3 8,57%	18 51,43%
	20 57,14%	15 42,86%	35 100%

Die Wahrscheinlichkeit der korrekten Zuordnung eines beliebigen Probanden der Stichprobe für die Bedingungen:

a) „vollständig" + „unvollständig"
$$\frac{15+12}{35} = 77,14\%$$

b) „vollständig"
$$\frac{15}{20} = 75\%$$

c) „unvollständig"
$$\frac{12}{15} = 80\%$$

Kombiniert man dann aber, wie in Tabelle 14 geschehen, die Tabellen 10 und 13 miteinander, so differenzieren sich die Verhältnisse in der schon von Tabelle 12 bekannten Weise. Zunächst überrascht, daß das reduzierte Bedingungsmodell, in welches aus der stabilen, frühkindlichen Bezugsperson nur noch die Information eingeht, ob die Elternbeziehung vollständig war, eine exakt gleich große Vorhersagekraft hat wie das ursprünglich reichhaltigere Modell aus insgesamt sechs Kindheitsfaktoren. – Nach wie vor bedeutet das Fehlen einer positiven Bezugsperson mit 100%iger Sicherheit psychogene Krankheit, und die zusätzliche Variable der vollständigen bzw. unvollständigen Elternbeziehung kann keine zusätzlichen Aufschlüsse erbringen. War aber eine solche Bezugsperson vorhanden, dann ist bei einer *unvollständigen* Elternbeziehung mit über 92%iger Sicherheit auf seelische Gesundheit im Erwachsenenalter zu schließen. Bei *vollständiger* Elternbeziehung beträgt diese Quote immerhin 55,6%.

Anschließend sei versucht, die wesentlichen Interpretationen sowohl zum ursprünglichen Bedingungsmodell als auch zum reduzierten miteinander zu vergleichen. Beide Modelle belegen unter der Bedingung einer psychosozial insgesamt hochgradig belasteten Kindheit die hervorragende Bedeutung einer positiven, stabilen Bezugsperson für eine spätere seelische Gesundheit. Das ursprüngliche Bedingungsmodell bestätigt eine gleichgerichtete, wenn auch nicht ganz so hohe Bedeutsamkeit für einige zusätzliche spezielle Belastungsmomente während der Vorschulzeit, das reduzierte Modell für das Faktum, ob ein Proband während der Vorschulzeit unter dem Eindruck einer vollständigen Elternbeziehung lebte.

Wie schon mehrfach ausgeführt, korrespondiert – immer unter der Voraussetzung einer insgesamt hochgradig belasteten frühen Kindheit – die Vollständigkeit der Elternbeziehung mit späterer psychogener Erkrankung und das Fehlen eines Elternteils (zumeist des Vaters) mit der guten Aussicht auf spätere Gesundheit. In beiden Modellen ist numerisch der Einfluß der stabilen, positiven Bezugsperson stärker als der Einfluß der jeweiligen anderen Modellvariablen. Aber nur für die Variable „spezielle psychosoziale Belastungsmomente während der Vorschulzeit" läßt sich die höhere Bedeutsamkeit der frühkindlichen, stabilen Bezugsperson auf dem 5-%-Niveau sichern. Eine solche Absicherung wird dagegen für die Variable KF 6 („vollständige Elternbeziehung") knapp verfehlt. Bei einer nur geringfügig größeren Stichprobe aber wäre die Überzufälligkeit angesichts vergleichbarer Zahlenverhältnisse auf dem 5-%-Niveau rasch erreicht. Dafür spricht auch, daß beide Zusatzvariablen („spezielle frühkindliche Belastungsmomente" und „Vollständigkeit der Elternbeziehung") für sich allein keinen bedeutsamen Unterschied in ihrer Diskrimination zwischen psychogen kranken und gesunden Erwachsenen erkennen lassen. Dieser Unterschied beträgt nur 3% zugunsten von KF 6 (Vollständigkeit der Elternbeziehung) und ist damit ohne praktische Relevanz (74,3% in Tabelle 12 gegenüber 77,14% in Tabelle 14).

Fazit

Vergleicht man die beiden Modelle miteinander, dann beträgt die diskriminative Gesamtleistung beider genau 85,7%. Auch für die Unterbedingungen läßt sich teilweise keine, teilweise aber eine leichte Überlegenheit des reduzierten Modells feststellen, ohne daß dies von praktischer Bedeutung wäre. Innerhalb eines jeden Modells ist die Einführung der zusätzlichen Variablen zu jener der stabilen, positiven Bezugsperson dann sinnvoll, wenn eine solche Bezugsperson gegeben war. Fehlte sie aber, so steht die psychogene Erkrankung des betroffenen Probanden im Erwachsenenalter fest, und eine zusätzliche Variable erübrigt sich.

Tabelle 14: Kombination der Tabelle 10 mit der Tabelle 13

positive Bezugsperson: Elternpaar	fehlt		vorhanden		
	voll-ständig	unvoll-ständig	voll-ständig	unvoll-ständig	
gesund Gruppe A	0 0%	0 0%	5 14,29%	12 34,28%	17 48,57%
krank Gruppe B	11 31,43%	2 5,71%	4 11,43%	1 2,86%	18 51,43%
	11 31,43%	2 5,71%	9 25,72%	13 37,14%	35 100%

Die Wahrscheinlichkeit der korrekten Zuordnung eines beliebigen Probanden der Stichprobe für die Bedingungen

a) Mittel aller Bedingungen: $\dfrac{11 + 2 + 5 + 12}{35} = 85,7\%$

b) „fehlt" „vollst."
$\dfrac{11}{11} = 100\%$

c) „fehlt" + „unvollst."
$\dfrac{2}{2} = 100\%$

d) „vorhanden" + „vollst."
$\dfrac{5}{9} = 55,6\%$

e) „vorhanden" + „unvollst."
$\dfrac{12}{13} = 92,3\%$

Man staunt über die Leistungsstärke des reduzierten Modells, das somit nach rein wissenschaftsökonomischen Kriterien dem ursprünglichen, an Einzelinformationen reicheren Modell vorzuziehen wäre. Die Detailarmut des reduzierten Modells unterstreicht für Kinder mit psychosozial hochbelasteter Vorschulzeit die eminente Bedeutung gerade der beiden verbliebenen Kindheitsfaktoren für ihre spätere seelische Gesundheit.

9. Diskussion

Ausgangspunkt

An einer zufällig genau 40 Personen umfassenden Stichprobe aus Probanden des Mannheimer Kohortenprojekts zeigten sich im lebensgeschichtlichen Rückblick die folgenden biographischen Zusammenhänge:

Wenn in einem globalen Sinne die frühkindlichen psychosozialen Lebensumstände eines Probanden ausgesprochen ungünstig waren, dann differenzieren die untenstehenden Faktoren zwischen psychogener Krankheit bzw. Gesundheit im Erwachsenenalter (bezogen auf die dem Interview vorausgegangenen zwölf Monate):

a) Frühkindlich hochbelastete Probanden finden sich nur dann in der Gruppe der seelisch Gesunden, wenn in ihrer frühen Biographie eindeutige oder fragliche, keinesfalls jedoch negative Hinweise auf die Existenz einer positiven, zuverlässig verfügbaren Bezugsperson vorliegen. Eindeutiges Fehlen von derlei Hinweisen geht in jedem Fall mit krankheitswertigen psychogenen Störungen im Erwachsenenalter einher.

Da aber auch 25% der kranken Probanden eindeutige Indizien der Existenz einer solchen Bezugsperson bieten, ergibt sich außerdem:

b) Stand dem Kind trotz einer aus entwicklungspsychologischer Sicht insgesamt schweren frühkindlichen Belastung eine stabile, positive Bezugsperson zur Seite, dann entscheiden spezielle frühkindliche psychosoziale Belastungsmomente über die Zugehörigkeit zur Gruppe der gesunden oder der kranken Erwachsenen:

(1) Erhebliche psychopathologische Auffälligkeiten des Vaters (KF 16);

(2) Zusammenleben mit Geschwistern, die zum Probanden einen Altersabstand von mindestens sechs Jahren hatten (KF 22);

(3) Altersabstand von nur einem Jahr oder weniger zum nächsten Geschwister (KF 23).

Trifft keines oder nur eines dieser speziellen Belastungsmomente auf einen frühkindlich generell hochbelasteten Probanden zu, dem unabhängig davon eine stabile, positive Bezugsperson vergönnt war, dann gehört ein solcher Proband mit einer Wahrscheinlichkeit von 87,5% zur Gruppe der gesunden Erwachsenen. Gelten andererseits zwei oder drei jener speziellen Belastungsmomente für einen Probanden mit einer guten Bezugsperson, dann sinken seine Chancen, zur Gruppe der Gesunden zu gehören, auf 50%. Steigt ferner die Anzahl spezieller Belastungsmomente, dann nimmt die Wahrscheinlichkeit dafür ab, daß eine positive, stabile Beziehung zu einem Erwachsenen sich anhand des Interviewmaterials für die frühe Kindheit des Probanden belegen läßt.

c) Des weiteren kann der Variablenkomplex der speziellen Belastungsmomente ersetzt werden durch ein einfacheres Merkmal, das mit ihm selbst positiv, mit dem Auftauchen der guten Bezugsperson aber negativ korreliert, nämlich der Vollständigheit des (psychologischen) Elternpaares während der frühen Kindheit. In der Tat vermag dieses simple Merkmal den Variablenkomplex der speziellen frühkindlichen Belastungsmomente ohne Informationsverlust gänzlich zu ersetzen.

Diese knappen Sätze beschreiben empirische Zusammenhänge, wie sie statistisch signifikant, teilweise hoch- und höchstsignifikant, an den frühkindlich schwer belasteten, heute teils psychogen kranken, teils gesunden erwachsenen Probanden des Mannheimer Kohortenprojektes zu finden sind.

Nun aber taucht die Frage auf, inwieweit es gestattet sein mag, die Befunde auf andere Menschen mit schwerer Frühkindheit zu übertragen. Außerdem ist zu diskutieren, ob sich hier gar entwicklungspsychologische Gesetzmäßigkeiten abzeichnen oder ob wir nur Scheinerklärungen nachjagen, die auf andere, übersehene oder noch verdeckte Ursachen zurückgehen. – Schließlich soll auch die radikale Gegenthese der zeitgenössischen Psychologie zu Wort kommen, die nicht mehr nach Ereignissen der frühen Kindheit fragt, sondern die aktuelle Belastung durch „Lebensereignisse" über seelische Gesundheit oder Krankheit des Erwachsenen entscheiden läßt. Wie weit trägt dieser Ansatz bei frühkindlich hochbelasteten Probanden? – Und endlich wäre die Bedeutung unserer Befunde im Rahmen der psychoanalytischen Entwicklungstheorie zu erörtern.

Die Gültigkeit der Befunde

Zunächst ist zu klären, welche allgemeine Gültigkeit die bei unserer Stichprobe angetroffenen Zusammenhänge besitzen; mit anderen Worten, ob die besonderen Probanden unserer Stichprobe jene Menschen angemessen repräsentieren, die eine schwere frühe Kindheit durchzustehen hatten? Nur die Wiederholung der Untersuchung an einer anderen Stichprobe in einer anderen Stadt oder auch an einer ländlichen Bevölkerung erbrächte eine wirklich befriedigende Antwort auf diese Frage.

Einige Gedanken können aber in der Zwischenzeit helfen: Für die angemessene Repräsentation frühkindlich hochbelasteter Menschen spricht zum einen die zufallsgesteuerte Art der Stichprobengewinnung aus den Dateien des Mannheimer Einwohnermeldeamtes. Soweit an sonstigen administrativen Daten – etwa des

Geschlechterverhältnisses für die Jahrgänge 1935, 1945 und 1955 – überhaupt prüfbar, scheint die Stichprobe des Mannheimer Kohortenprojektes für die Grundgesamtheit der Bürger Mannheims mit deutscher Nationalität repräsentativ zu sein. Darüber hinaus wurden keine praktischen oder theoretischen Anhaltspunkte bekannt, derentwegen die Subpopulation jener Menschen, die eine frühe Kindheit mit hohen psychosozialen Belastungen durchlaufen hatten, unangemessen vertreten sein sollte (vgl. *Tress, 1987*).

Die nächste Frage geht dahin, ob die in der Gesamtstichprobe des Mannheimer Kohortenprojektes angemessen repräsentierten Probanden mit schwerer Frühkindheit auch ausreichend sicher zum Zwecke der vorliegenden Untersuchung identifiziert werden konnten. Diesbezüglich sei an die Anweisung zur Handhabung des komplexen Expertenratings der „schweren" und „sehr schweren frühkindlichen Belastung" erinnert, worin sichergestellt sein dürfte, daß keinem Probanden zu Unrecht eine hohe frühkindliche Belastung zugeschrieben wurde, es sei denn, man nähme an, die Probanden hätten ein schweres frühkindliches Schicksal erfunden. Nicht auszuschließen ist die entgegengesetzte Möglichkeit, nach der eine „objektiv" schwere Frühkindheit im Bericht des Probanden so weit „geschönt" wurde, daß der Interviewer sich nicht zu einer gravierenden Beurteilung entschließen konnte. Solche Probanden wären dann fälschlicherweise in unserer Stichprobe nicht erfaßt. Es ist aber unwahrscheinlich, daß dadurch die Repräsentativität der untersuchten Stichprobe gefährdet würde. Menschen, die zum „aktiven Vergessen" schlimmer Erlebnisse neigen, und um solche Menschen müßte es sich hier handeln, sind nach allgemeiner Erfahrung sowohl unter Personen anzutreffen, die wir in klinisch-pragmatischem Sinne für seelisch gesund erachten, wie auch unter psychogen kranken Personen. Und nichts deutet darauf hin, daß diese Gruppe anderen frühkindlichen Entwicklungsgesetzlichkeiten unterläge und somit durch ihren Ausfall unsere Stichprobe systematisch verzerrt würde. – Wir halten also weiterhin an der Annahme fest, daß die hier untersuchten Probanden den heute entweder eindeutig psychogen kranken (Gruppe B) oder den seelisch gesunden (Gruppe A) Teil der Bevölkerung (im Alter von 24 bis 47 Jahren) mit schwerer Frühkindheit (Vorschulzeit) angemessen vertreten.

Wer bis hierher zu folgen bereit ist, kann nun zweifeln, ob eine retrospektive Studie wie die unsere einzelne Variablen zur frühen Kindheit im Rückblick überhaupt sicher zu erheben vermag. Dieser Einwand ist ungemein heikel. Dessen waren sich die Planer des Mannheimer Kohortenprojektes bewußt. Sie verzichteten im Rahmen des Möglichen auf die Formulierung von Merkmalen, die den Bereich der „harten Fakten" verlassen und etwa die feinere Atmosphäre lang zurückliegender Beziehungen des Probanden betreffen. Auch wo in einem summarischen Rating der Interviewer die Psychopathologie der Mutter, des Vaters oder ihrer Partnerschaft beurteilt, geht es allein um manifeste und gravierende Auffälligkeiten und nicht etwa um charakterneurotische Auslenkungen, die ihrerseits doch sehr wohl das innere Klima einer Familie entscheidend prägen. Damit aber stellt sich sofort die Frage nach dem Sinn eines solchen Ratings wie auch die ganze Problematik retrospektiver Interpretationen in einer sich „objektiv" verstehenden Geneseforschung psychogener Erkrankungen. Das Mannheimer Kohortenprojekt ging hier keinesfalls problemblind, sondern risikobewußt vor: man wollte die Chance ergreifen und erproben, ob und was solche retrospektiven Beurteilungen ergeben können und wie weit ihre kritische Interpretation trägt. Die Ergebnisse dieser Arbeit liegen jetzt vor (*Schepank,* 1987).

Aus pragmatischer Sicht sollte die Kritik an der retrospektiven Erhebung lebensgeschichtlicher Daten erst dann einsetzen, wenn für bestimmte biographische Merkmale sich statistisch signifikante Zusammenhänge mit dem gegenwärtigen psychosozialen Status einer Person abzuzeichnen beginnen.

Dann läuft das Problem der retrospektiven Datengewinnung auf die Frage hinaus, welche der Variablen, die schließlich in das Bedingungsmodell psychogener Krankheit bzw. Gesundheit bei schwerer Frühkindheit eingegangen sind, in ihrer Gültigkeit aufgrund des retrospektiven Verfahrens zweifelhaft bleiben. – Im einzelnen stehen hier jene Variablen in Rede, die in Abbildung 2 als „spezielle Kindheitsfaktoren" und als „Hintergrundvariablen" aufgeführt sind:

Auch als retrospektiv erhobene Daten problemlos sind die Feststellung des Geburtsjahrganges (KF 2), die Feststellung des Faktums, ob der Proband als (relatives) Einzelkind aufwuchs oder Geschwister im Altersabstand unter sechs Jahren hatte (KF 22) sowie auch die Frage eines Altersabstandes zu einem Geschwister von bis zu einem Jahr oder weniger (KF 23). Für diese drei Variablen zumindest will es scheinen, daß bereits der Sprachgebrauch sich sträubt, von einer „retrospektiven" Erhebung zu sprechen. Sollten derartige Angaben von gutwilligen Probanden nicht zuverlässig einzuholen sein, dann wäre es um die Möglichkeit empirischer Sozialwissenschaft überhaupt geschehen.

Gleiches, wenn auch nicht mit ganz so hoher Gewißheit, darf für die Zuverlässigkeit des Merkmals „vollständiges Elternpaar während der überwiegenden Vorschulzeit" (KF 6) angenommen werden. Prüft man die tatsächlichen Angaben unserer Probanden hierzu, so sind die Verhältnisse in der Regel eindeutig: Überwiegend geht es um die An- oder Abwesenheit der väterlichen Person, die nach den Angaben der Probanden entweder mit großer Eindeutigkeit während der frühen Kindheit überwiegend anwesend oder abwesend war. Mit anderen Worten: Aus den Niederschriften der Interviews geht mit Bestimmtheit hervor, ob aus der Sicht des kindlichen Probanden die Mutter in einem festen, zumindest eheähnlichen Bezug zu einem Mann, meist dem leiblichen Vater, erlebt wurde.

Bleibt schließlich die Hauptfigur dieser Untersuchung: die gute und stabil verfügbare Bezugsperson während der frühen Kindheit (KF 30). In ihrem Fall von einer retrospektiven Erhebung zu sprechen, trifft den Sachverhalt nur ungenau.

Zunächst einmal werden die diesbezüglichen Informationen gar nicht „erhoben", da die Interviewer keinen Auftrag besaßen, sich über die etwaige Existenz einer solchen Figur zu unterrichten. Vielmehr sollten sie sich ein möglichst umfassendes Bild der frühkindlichen Lebensumstände des jeweiligen Probanden verschaffen und die gewonnenen Erkenntnisse anschließend in Form einer biographischen Anamnese niederlegen. Erst an dieses schriftliche Zeugnis wird die Frage herangetragen, ob darin eindeutige Hinweise auf die Existenz einer solchen guten Bezugsperson enthalten sind. Strenggenommen erfolgen also die Erhebungen zu KF 30 nicht „retrospektiv", da der Proband sich zu diesem Punkt nicht gezielt äußerte, sondern die Erhebungen zu einer positiven Bezugsperson geschehen anhand eines niedergelegten Textes. Damit soll ein deutlich vorhandenes retrospektives Element dieser Variablen nicht hinwegargumentiert werden. Primär aber geht es darum, ob in einem tiefenpsychologisch geführten Interview, das auch ein Bild der frühen Kindheit entwirft, eine wie oben definierte und zuverlässig verfügbare Bezugsperson auftaucht oder nicht. Von da ausgehend, scheint am ehesten die Vermutung berechtigt, daß eine derartige Person tatsächlich existierte, auch wenn der Proband sie in der Rückschau allzu sehr „idealisieren" mag. Der Umkehrschluß hingegen birgt Ungewißheiten in sich: Fehlen nämlich eindeutige

Hinweise auf jene gute Person der Frühkindheit, so bedeutet dies doch allenfalls, daß der Proband sich im diagnostischen Gespräch eine solche gute und stabile Beziehung nicht vergegenwärtigte, und dies berechtigt mit einiger Sicherheit nur zu der Annahme, das *aus der Sicht des damaligen Kindes* eine solche gute und tragende Beziehung während der überwiegenden Vorschulzeit – aus welchen Gründen auch immer – nicht bestand.

Dagegen wissen wir nichts davon, ob die damaligen Personen des engeren und weiteren Umfeldes zur selben Einschätzung gekommen wären, oder ob nicht gar eine Person aus diesem Kreis durchaus vermeinte, ein sehr gutes und vertrauensvolles Verhältnis zu jenem Kind zu unterhalten. Und schon gar nichts ist uns darüber bekannt, ob das erweiterte frühkindliche Umfeld keinerlei Angebote zu einer solchen Beziehung bereithielt, oder ob solche Beziehungen aus mancherlei Ursachen nicht zustandekamen, etwa weil eine personell vollständige, aber chaotische Familie dem entgegenwirkte (siehe die hochsignifikante Korrelation zwischen KF 6 und KF 30, Abbildung 2).

Vorläufig spricht also recht wenig dagegen, aber vielerlei dafür, von der allgemeinen Gültigkeit unserer Befunde auszugehen. Die Erwartung scheint berechtigt, an vergleichbaren Stichproben vergleichbare Resultate reproduzieren zu können.

Alternative Interpretationen

Hier wollen wir uns eng an die Resultate unserer Studie halten und nicht das weite Spektrum von Theorieansätzen über die Ursachen und die Entwicklungsgesetze psychogener Störungen entfalten. Es geht nur darum, ob andere Gegebenheiten der Kindheit die Grundlage umfassenderer Genesemodelle sein könnten, die dann allerdings auch die hier vorgelegten speziellen Befunde mit einzuschließen hätten.

Als theoretische Alternative zu unserer kausalen Interpretation kommt einmal der erbbiologische Gesichtspunkt und zum anderen eine Position in Frage, die das für den psychosozialen Status des späteren Erwachsenen entscheidende Lebensalter in die späte Kindheit, überwiegend in die Schulzeit bis zum Eintritt der Pubertät, verlegt.

Beginnen wir mit dem *erbbiologischen* Argument, das für psychogene Erkrankungen bzw. spätere Gesundheit auch bei hoher psychosozialer Belastung während der Frühkindheit im wesentlichen die genetische Ausstattung eines Menschen verantwortlich macht. Dieser Ansatz könnte durchaus auf Angaben unserer Probanden über Krankheitsbilder enger Verwandter ersten und zweiten Grades zurückgreifen. – So besteht zwischen den Mitteilungen der Probanden aus den Gruppen A und B kein bedeutsamer Unterschied hinsichtlich der Häufigkeit organischer Erkrankungen im Verwandtenkreis. Gleiches gilt für endogene Psychosen. Bedeutsame Unterschiede ($p = \leq 5\%$) sind indessen zu verzeichnen, wenn die Probanden nach psychogenen Störungen (ICD Ziff. 300 bis 307) befragt werden. Solche sind im genetischen Umfeld der heute psychogen kranken Probanden (Gruppe B) signifikant stärker vertreten als in dem der Gruppe A. Dies wird jedoch – abgesehen von der allgemeinen Unsicherheit solcher Angaben – sogleich durch ein anderes Faktum in Frage gestellt: 14 von 20 Probanden der Gruppe A, aber nur 3 von 20 in der Gruppe B, waren ohne Kenntnis von wenigstens einem der beiden elterlichen (zumeist der väterlichen) Person und der zugehörigen Blutsverwandtschaft. Sie konnten demnach auch nichts über mögliche Belastungen in diesen Verwandtschaftslinien mitteilen.

Selbstverständlich ist damit die erbgenetische Position nicht zurückgewiesen, und die Frage bleibt, ob nicht die in unser frühkindliches Bedingungsmodell psychogener Erkrankung bzw. Gesundheit im Erwachsenenalter eingegangenen Variablen mit dem späteren seelischen Gesundheitszustand auf eine gemeinsame erbbiologische Determinante zurückgehen.

Beginnen wir mit der komplexen Variablen der „speziellen frühkindlichen Belastung" (s. Abbildung 2): Die These, nach der die Tatsache, Geschwister im Altersabstand bis zu sechs Jahren (KF 22) und Geschwister im Altersabstand bis zu einem Jahr (KF 23) zu haben, mit der späteren psychogenen Erkrankung eines Menschen auf einer gemeinsamen erbbiologischen Grundlage beruhen sollte, scheint kaum vertretbar. Gleiches gilt für den Zusammenhang zwischen der überwiegenden Abwesenheit eines Elternteils und der späteren seelischen Gesundheit. Allenfalls könnten erhebliche psychopathologische Auffälligkeiten des Vaters (KF 16) durch dasselbe genetische Material wie die psychogenen Erkrankungen des Probanden mitbedingt sein. Freilich wäre das sozio-genetische Argument in diesem Falle ebenso stichhaltig, da in den korrelativen Zusammenhang nur die real *anwesenden* väterlichen Personen eingegangen sind, und diese waren in einigen wenigen Fällen nicht einmal die leiblichen. Über den psychosozialen Befund jener leiblicher Väter, mit denen unsere Probanden aber nicht zusammenlebten, fehlt jede verläßliche Information.

Hinsichtlich der verbleibenden Variablen, der stabilen, positiven Bezugsperson in der frühen Kindheit (KF 30), vermag nur eine sehr diffizile Argumentation dem Gedanken einige Plausibilität abzuringen, daß deren Eintritt in den damaligen Lebenskreis des Probanden durch dieselben erbbiologischen Informationen vorgegeben sei wie seine spätere seelische Gesundheit. Handelt es sich doch bei diesen guten Bezugspersonen – von solchen berichten 22 unserer 40 Probanden – neunmal um die leibliche Mutter und zehnmal um Großeltern, um Personen mithin, die dem Probanden zumeist von Beginn seines Lebens an zur Verfügung standen. Um die erbbiologische These zu retten, wäre zu belegen, daß den später psychogen (nicht psychotisch!) erkrankten Probanden eine ablehnende Haltung im Sinne einer intentionalen Störung (*Schultz-Hencke,* 1947) bereits angeboren war. Übrigens wurden keine Fälle von kindlichem Autismus unter unseren Probanden bekannt, und mögliche frühkindliche Hirnstörungen lassen sich retrospektiv nicht mehr diagnostizieren. Überhaupt scheint es methodisch hoffnungslos, für die frühesten Interaktionen eines Neugeborenen mit seiner primären Umwelt – worüber wir im Falle unserer Probanden nicht einmal unterrichtet sind – erbbiologische von sozio-genetischen Aspekten retrospektiv trennen und gewichten zu wollen.

Die Erörterung sei hier beendet, da der Beleg erbracht sein dürfte, daß die These einer überwiegend erbbiologischen Determination unserer empirisch gefundenen Zusammenhänge nicht gänzlich widerlegt werden kann, ihre Advokaten aber immensen Schwierigkeiten gegenüberstehen.

Wenden wir uns nun dem anderen konkurrierenden Ansatz zu, der unsere korrelativen Befunde, welche einen kausalen Zusammenhang der Frühkindheit unserer Probanden mit hochbelasteter Vorschulzeit und psychogener Krankheit im Erwachsenenalter rechtfertigen könnten, als zweitrangig interpretiert und das Ursachenfeld der *späteren* Kindheit zuordnet. Eine Vielzahl jener Autoren, die in Kapitel I. 2 referiert wurden, haben in der Tat eher Material hierzu vorgelegt. Das geschah allein schon deshalb, weil administrative Daten der Schulbehörden leichter zugänglich sind als solche, die unmittelbar den Familien entstammen.

Wollte man die Überlegungen auf die hier zugrundegelegten und empirisch angereicherten Bedingunsmodelle (Abbildung 2 und 3) begrenzen, so wäre rasch festgestellt, daß die in die Modelle eingegangenen Kindheitsfaktoren wohl schwerlich mit dem vollendeten sechsten Lebensjahr eines Kindes ihre Bedeutsamkeit verlieren. Vielmehr dürften sie auch während der späteren Kindheit entscheidend auf die Dispositionen des Probanden Einfluß nehmen, als Erwachsener psychogen zu erkranken.

Unverständlich und aller kinderpsychotherapeutischer sowie der Alltagserfahrung zuwiderlaufend wäre indes die Argumentation, die hier aufgefundenen Bedingungsfaktoren mögen zwar frühkindlich bereits vorliegen, würden aber erst im späteren Kindesalter ihre krankheitsdisponierende Wirksamkeit entfalten. Der Gedanke soll deshalb nicht vertieft werden.

Freilich kann einer anderen These nicht widersprochen werden, welche die frühkindlichen Lebensbedingungen quasi als Bedingungsfeld (Hintergrund- oder Moderatorvariablen) für das hinsichtlich der seelischen Gesundheit oder Krankheit im Erwachsenenalter entscheidende Geschehen in der späteren Kindheit ansieht. Dazu trägt diese Untersuchung, die sich auf die Auskünfte der Probanden zu ihren frühkindlichen Lebensumständen stützt, recht wenig bei. In der Tat sind die Interviewanleitungen des psychoanalytisch inspirierten Mannheimer Kohortenprojektes überwiegend auf die Lebensverhältnisse während der frühen Kindheit zentriert, um damit überhaupt einmal in Erfahrung zu bringen, wie die unausgelesene „Normalbevölkerung" sich in einem regulären tiefenpsychologischen Interview äußert. Dieses legt nun theoriegeleitet das Schwergewicht auf die frühkindlichen Lebensumstände.

Welches sind nun aber Variablen, die häufig in der Literatur aus der späteren Kindheit berichtet werden und deren Natur von denen der Frühkindheit so verschieden sein könnte? Ganz überwiegend handelt es sich um gar keine „Lebensumstände", sondern um aktive Leistungen bzw. Leistungsmängel des Kindes im Rahmen der sozialen und kognitiven Anforderungen des Schulsystems bzw. der Gruppe der Gleichaltrigen außerhalb von Familie und Schule sowie um etwaige neurotische oder dissoziale Auffälligkeiten in den genannten Bereichen (s. Kapitel I. 2). Der sozial-emotionale Hintergrund, speziell für die familiäre Atmosphäre, bleibt in der Regel von der frühesten bis in die späte Kindheit unverändert, sofern es nicht zu Adoptionen, Heimaufenthalten u. ä. kommt.

Folglich entscheidet die bereits erreichte psychosoziale und kognitive Kompetenz eines Schulkindes im Rahmen der administrativen Vorgaben über sein soziales und leistungsmäßiges Gedeihen der ersten Schuljahre. Von daher leuchtet ein, daß diese außerfamiliäre psychosoziale Grunderfahrung für späteres Sozialverhalten, aber auch für das Selbstbild eines Menschen ausschlaggebend wird. Es wäre demnach seltsam, wenn für jene psychosoziale Grunderfahrung des Schulkindes seine ganz persönliche Frühkindheit nicht wegbestimmend sein sollte.

Bei genauerem Hinsehen beschränkt sich ein guter Teil gerade dieser Debatte inhaltlich keineswegs auf die Schulzeit. Sie betrifft auch schon die Erfahrungen des Kindergartens als dem ersten der von den geltenden pädagogischen Leitlinien vorgegebenen Feldern außerfamiliärer Sozialerfahrungen, -erprobung und -bewährung. Damit aber bewegt sich die Diskussion eindeutig im Altersbereich der vorliegenden Untersuchung. So stellt sich die Frage, ob eher die frühe oder eher die spätere Kindheit über psychosoziale Kompetenzen oder Defizienzen des Erwachsenen entscheidet, nicht länger in einer zeitlichen, sondern in einer passiv versus aktivistischen Wendung: Es geht doch darum, ob eher die kindlichen Lebensumstände oder eher die Anpassungsleistungen des Kindes den Ausschlag für das spätere Leben geben, indem sich das Kind entweder in Umstände, die es als unveränderlich erkennt, autoplastisch einfügt, oder alloplastisch diese Umstände gemäß den eigenen Vorstellungen und Wünschen abändert. Letztlich wird man hier eine *Ergänzungsreihe* annehmen müssen, in der neben erbgenetisch-konstitutionellen Eigenschaften der kindlichen Person *die primären Interaktionen über seine sozialen und kognitiven Leistungen entscheiden*. Diese wiederum strahlen auf das Selbsterleben und Sozialverhalten des späteren Erwachsenen aus. Die Polarisierung „frühe oder späte Kindheit" hätte aber damit ihren sachlichen Kern verloren, und die vorgelegte Untersuchung darf weiterhin davon ausgehen, keine „Scheinkorrelationen", sondern relevante frühkindliche Bedingungsfaktoren für psychogene Krankheit bzw. Gesundheit im Erwachsenenalter zutage gefördert zu haben. An keiner Stelle aber wird beansprucht, die vorgelegten Daten umfaßten *alle* bedeutsamen Einflußfaktoren auf den psychosozialen Befund unserer erwachsenen Probanden, so als seien die Jahrzehnte zwischen der frühen Kindheit und dem Leben als Erwachsener ohne eigenes Gewicht.

Ihren deutlichsten Gegenpart finden unser Ansatz und seine Befunde in der *Life-event-Forschung.* Sie stammt primär aus der sozialempirischen Untersuchung der Koronarerkrankungen, spürt aber allgemein der möglichen Bedingtheit einer Krankheit, in unserem Falle der psychogenen Krankheiten, durch kritische *Lebensereignisse* nach, welche dem Erkrankungszeitpunkt mehr oder weniger unmittelbar vorausgehen (*Rahe* et al., 1964; *Holmes* und *Rahe,* 1967).

Längst ist die zu einfache Vorstellung früherer Studien überwunden, daß die bloße Anzahl von Lebensereignissen innerhalb eines gegebenen Zeitraumes bereits zur anschließenden Erkrankung disponiere. Vielmehr trat das Gewicht der Betroffenheit (distress), welche das „life event" bei dem jeweiligen Probanden vermutlich hervorruft, auf der einen Seite und die Möglichkeiten des Probanden, sich den eingetretenen Veränderungen anzupassen (coping), auf der anderen ins Bewußtsein der Forscher (*Dohrenwend* und *Dohrenwend,* 1974; *Gunderson* und *Rahe,* 1974; *Masuda* und *Holmes,* 1978). Weil aber „distress" und „coping" nicht unverbunden nebeneinander stehen, sondern die angemessene Möglichkeit der „Streßbewältigung" – und nichts anderes meint „coping" – die Belastung des von einem Lebensereignis Betroffenen mildert, wird in weiter Übereinstimmung die subjektive Belastung einer Person durch ein Lebensereignis als das eigentliche Moment der psycho-somatischen Traumatisierung erachtet (*Mueller, Erwards* und *Yarvis,* 1977; *Byrne* und *Whyte,* 1980).

Unter den Arbeiten aus jüngster Zeit ragt die umfangreiche und methodisch anspruchsvolle „Canberra-Studie" (*Henderson* et al., 1981) hervor, die ursprünglich daraufhin angelegt war, den Mangel an unterstützenden mitmenschlichen Beziehungen, „social support" und „social network", als wesentlichen kausalen Faktor für die Entstehung neurotischer Störungen zu stabilieren. Im zeitlichen Querschnitt stieß *Henderson* tatsächlich auf signifikante Korrelationen zwischen neurotischen Symptomen und Defiziten im „sozialen Netz" der Probanden und Belastungen durch Lebensereignisse, die dem Erhebungszeitpunkt um bis zu sechs Monate vorangegangen waren. Die Analyse kausaler Beziehungen anhand der anschließenden Verlaufsstudie ergab dann aber, daß entgegen den Erwartungen keineswegs der behinderte Zugang zu sozialer Unterstützung den Ausschlag für die nachfolgenden neurotischen Erkrankungen gab, sondern – aus der Sicht des Probanden beurteilt –

die qualitative Mangelhaftigkeit der erhaltenen mitmenschlichen (sozio-emotionalen) Unterstützung. Die Wahrscheinlichkeit einer neurotischen Erkrankung steigt, wenn der Proband das ihm zugängliche Netz sozialer Unterstützungen nicht mehr als seinen Bedürfnissen angemessen erlebt. Nach *Henderson* treten Erkrankungen allerdings unter diesen Umständen nur dann auf, wenn der Proband darüber hinaus in der kürzeren Vergangenheit einem hochgradigen Maß an Belastung durch Lebensereignisse ausgesetzt war. Für Tiefenpsychologen nicht überraschend, gelangt *Henderson* aufgrund seiner Befunde zu der Vermutung, daß die angeführten Zusammenhänge auf *zeitüberdauernde Persönlichkeitsfaktoren* zurückgehen, gemäß denen sich ein Proband das erlebte Feld seiner Sozialbeziehungen einrichtet. Inwieweit von daher auch „life events" persönlichkeitsabhängig und -typisch provoziert werden, erörtert *Henderson* nicht.

Die referierten Befunde sind nur begrenzt auf die Probanden unserer Arbeit zu übertragen. Zum einen bilden die psychogenen Störungen ein viel weiteres diagnostisches Spektrum als es den Erhebungen von *Henderson* zugrunde lag. Dieser beschränkte sich wegen ihrer Versorgungsrelevanz, aber auch wegen ihres oft relativ akuten Beginns, auf depressive und angstneurotische Syndrome. Sogenannte Persönlichkeitsstörungen blieben ausgeschlossen. Als Soziologe mag *Henderson* von der Logik dieser Trennung überzeugt gewesen sein, klinisch und psychologisch steht er damit freilich auf schwankendem Boden.

Bei den Probanden unserer Gruppen A und B kann hingegen kein kürzlicher Beginn der Störung, etwa in den zurückliegenden Monaten oder auch nur zu einem klar definierten Zeitpunkt der Vergangenheit, ausgemacht werden. Darüber hinaus war das Mannheimer Kohortenprojekt nicht darauf angelegt, das soziale Netz eines Probanden mit soziologischer Präzision zu erfassen und die persönliche Meinung der Probanden diesbezüglich systematisch zu dokumentieren. Ungeachtet dessen, liegt der Versuch nahe, die psychogen kranken und die gesunden Probanden unserer Stichproben hinsichtlich ihrer Belastung durch Lebensereignisse während der vergangenen drei Jahr miteinander zu vergleichen. Immerhin wäre es nicht ausgeschlossen, daß die Kranken aufgrund ihrer Belastung durch Lebensereignisse krank waren und blieben, die Gesunden hingegen von erlebnismäßig einschneidenden Lebensereignissen eher verschont worden sein könnten.

Dabei zeigt sich (zum näheren Vorgehen vgl. *Schepank,* 1987), daß *rein numerisch* die psychogen kranken Probanden der Gruppe B von einer höheren Anzahl von Lebensereignissen betroffen waren als die gesunden der Gruppe A. Während erstere für die vergangenen 36 Monate im Schnitt sechs Lebensereignisse angaben, waren von den Probanden der Gruppe A durchschnittlich nur drei zu erfahren. Dieser Unterschied verfehlt nur knapp das Signifikanzniveau von 1% und entspricht einem $phi_{korr} = .40$. Vergleicht man aber dann die Gruppen nach der Anzahl von Lebensereignissen, welche die Probanden als deutlich oder gar schwer belastend erleben, so verschwinden alle Unterschiede. Die Anzahl der belastenden Lebensereignisse bleibt naturgemäß hinter der Gesamtzahl der Lebensereignisse zurück, und in beiden Gruppen wird durchschnittlich *ein* deutlich oder sehr belastendes Lebensereignis für die vergangenen 36 Monate angegeben.

Ohne die Problematik der Life-event-Forschung zu entfalten und auch ohne unsere nur kurz referierten diesbezüglichen Daten tiefergehend zu analysieren, bleibt im Zusammenhang der hier geführten Diskussion festzuhalten: Psychogene Erkrankung bzw. Gesundheit ist nicht auf belastende Lebensveränderungen zurückzuführen. Sonst müßten nämlich die psychogen Kranken in der Zeit vor und während der vorgegebenen Prävalenzperiode (zwölf Monate vor dem Interview) mehr belastende Lebensereignisse berichten als die Gesunden. So darf zunächst der Einwand gegen die vorgelegte Untersuchung ad acta gelegt werden, wonach erst relativ kurz zurückliegende kritische Lebensereignisse größere Bedeutung für die Zugehörigkeit eines Menschen zur Gruppe der Kranken oder Gesunden haben als die besonderen Aspekte der frühen Kindheit, welche in unser Bedingungsmodell der psychogenen Krankheit oder Gesundheit im Erwachsenenalter für frühkindlich hochbelastete Probanden eingingen.

Die Ergebnisse im Licht der psychoanalytischen Theorie

Die nachfolgende Betrachtung bezieht sich allein auf das *reduzierte* Bedingungsmodell (Abbildung 3); darin entfallen die umfangreicheren, in Abbildung 2 aufgeführten speziellen frühkindlichen Belastungsmomente. Aus diesen freilich geht nur hervor, daß psychopathologische Auffälligkeiten des Vaters, eine hohe Geschwisterzahl und ein minimaler Altersabstand vom nächsten Geschwister – ganz besonders in der Addition dieser Momente – zu psychogenen Krankheiten prädisponieren. Dem psychotherapeutisch und erst recht dem mit Kindern arbeitenden Kliniker ist derlei altbekannt (*Dührssen,* 1962; *Lieberz,* 1983, 1984) und muß deshalb hier nicht noch einmal dargelegt werden.

Zur Vorhersage psychogener Gesundheit oder Erkrankung der Erwachsenen mit hochbelasteter Vorschulzeit verbleiben im reduzierten Modell lediglich die Kindheitsfaktoren der zuverlässigen, guten Bezugsperson und des vollständigen Elternpaares. Während nun der erste Faktor – erwartungsgemäß – positiv mit späterer seelischer Gesundheit korreliert, verweist für unsere spezielle Population gerade das *Fehlen* eines Elternteils, ganz überwiegend des Vaters, und gerade nicht die Vollständigkeit des Elternpaares auf spätere psychische Gesundheit. In diesem Sachverhalt liegt die eigentliche Herausforderung für eine tiefenpsychologische Interpretation. Klingen darin nicht die beiden großen Themen der psychoanalytischen Entwicklungspsychologie an, die präödipale Dyade und die frühe Triangulierung als Auftakt zur ödipalen Phase?

Beginnen wir mit dem ersten Thema. Alle psychoanalytischen Theorien halten an der unverzichtbaren Position eines guten frühkindlichen Objektes fest, und zwar dergestalt, daß dieses gute Objekt, werde es zunächst als Teilaspekt (z. B. die gute Brust) oder später als ganzheitliche Person innerpsychisch repräsentiert, mächtiger sein muß als alle bösen Objekte und Teilobjekte. Die Rede von einem „Objekt" steht dabei für eine bedürfnisstillende Beziehung zwischen dem Kleinkind und den Personen seiner primären Umgebung. Die Befriedigung oder Versagung der je besonderen, motivierenden Bedürftigkeit entscheidet darüber, welche Gefühlsfärbung diese Objektbeziehung und damit das Objekt selbst als innerpsychische Vorstellung (Repräsentanz) erfährt. Wenn die gemeinte Objektbeziehung sich auch immer zwischen einem Säugling oder Kleinkind und einer primären Bezugsperson herstellt, muß sie doch nicht sogleich das *ganze* Kind und die ganze Bezugsperson betreffen, sondern beginnt zunächst mit Teilaspekten bzw. mit von einander noch getrennten Zuständen und Kommunikations- bzw. Handlungsabläufen (z. B. das beißende Kind und die versagende Mutterbrust als eine Objektbeziehung, die mit dem zufrieden trinkenden Kind und der reichlich spendenden Mutterbrust als der anderen abwechselt).

Die psychoanalytische Entwicklungslehre läßt die seelische Entwicklung eines Säuglings mit der oralen Phase beginnen. Dort findet die grundlegende Prägung der Beziehung zwischen Mutter und Kind in einer intimen und verschmelzenden Begegnung statt, worin die biologische Trennung der Geburt psychisch noch in der Schwebe gehalten und temporär sogar wieder rückgängig gemacht wird. Diese Begegnung ist unlösbar mit der Fütterung des Säuglings, mit dem Stillen seines Hungers verbunden, worin das Neugeborene sich *die* Mutter und sich *der* Mutter auch wieder (halluzinierend) einverleibt (*Freud,* 1905). So wird das „entsetzliche Böse…, … das Anfängliche, Primitive, Infantile des Seelenlebens" (*Freud,* 1916/17, S. 215) in Schach gehalten und rückt schließlich in den Hintergrund. Für *Freud* entspringt der Haß als Beziehung zum Objekt der uranfänglichen Ablehnung der reizspendenden Außenwelt von seiten des narzißtischen Ich (1915, S. 231) und ist damit älter als die Liebe. Nicht die Destruktivität – unverstellt oder in einem gegen die eigene Person gerichteten neurotischen Gewand – ist das eigentlich Erstaunliche, sondern die wachsende Liebe und Zuwendung des Kleinkindes zur Welt dank einer ausreichend guten Mutterbeziehung. – Diesen Gedanken greift in der Folge eine Vielzahl psychoanalytischer Autoren wieder auf.

Die seit 1923 entwickelte Theorie von *M. Klein* und ihrer Schule sieht den Säugling von Beginn an der Angst ausgesetzt, die aus einem angeborenen Todestrieb resultiert. Ihm steht der ebenfalls angeborene Lebenstrieb gegenüber (*M. Klein,* 1962). Zu beiden gehören früheste und damit genetisch vorgegebene Fantasien, welche das Teilobjekt „Mutterbrust" in eine gute und in eine böse Brust spalten, um den guten Anteil vor der Zerstörung durch den bösen zu retten. „Die gute (äußere und innere) Brust wird das Vorbild aller hilfreichen und gewährenden Objekte, die böse dasjenige aller äußeren und inneren verfolgenden Objekte" (*M. Klein,* 1962, S. 148). Das Kind fantasiert sich selbst in seinen guten Zuständen als mit der guten Brust, dem Idealobjekt, verschmolzen und erbaut auf ihrer psychischen Einverleibung seine Selbstrepräsentanz, seine bewußte und unbewußte Vorstellung von sich selbst. Auch wenn diese seelischen Prozesse auf jener frühesten Stufe der Objektbeziehungen, welche *M. Klein* die „paranoid-schizoide Position" nennt, für die Autorin biologisch mitgegeben sind und deshalb die reale Umwelt und deren Einflüsse ungebührlich vernachlässigt werden, bedarf es dennoch auch in dieser Theorie der ausreichend guten Erfahrung mit einer wirklich mütterlichen Person, um eine starke und mächtige „gute Brust" und ein ebensolches Selbstbild zu fundieren. Dadurch erst werden die „bösen Objekte" in ihrem Schrecken erträglich und dürfen mit den guten

Teilobjekten zu ganzen Objekten zusammenkommen. Erst dann existiert die Mutter für das Kleinkind als eine ambivalent erlebte, aber ganzheitliche Person mit schlechten und frustrierenden Aspekten, die aber von zahlreichen und reichlich spendenden guten Anteilen aufgehoben werden. Nun ist die seelische Entwicklung des kleinen Kindes bereits in die „depressive Position" eingetreten.

Harald Schultz-Hencke (1947, 1951), wie später *Dührssen* (1962) und *Rudolf* (1977), beschreibt die Hemmung des intentionalen Antriebserlebens als Folge einer zumeist real, wenn auch in unterschiedlicher Hinsicht, insuffizienten Mutterbeziehung, geprägt von fehlender Liebe und Zärtlichkeit. Mangels ausreichender Betreuung und Pflege sowie anteilnehmenden und belebenden Kontaktes wird dem Kind der Aufforderungscharakter der Welt gar nicht erst vermittelt. „Der innige persönlich-zärtliche Kontakt zur Mutter oder Pflegeperson ist intensives existentielles Bedürfnis, wird Inhalt ‚intentionaler' gefühlshafter Bezogenheit zur Welt" (*Dührssen,* 1962, S. 39), und: „Nur von der früheren Befriedigung her lassen sich die weiteren Entwicklungsphasen normal gestalten" (S. 85). Scheitert die intentionale Entwicklungsphase, so bleiben ein niedergedrücktes Lebensgefühl und Hoffnungslosigkeit zurück. Damit hat auch die neo-psychoanalytische Schule die Bedeutsamkeit einer tragenden, konstant guten frühkindlichen Beziehung herausgestellt.

E. H. Erikson, der ebenfalls die realen Einflüsse aus der sozialen Umwelt auf die Entwicklung des Kindes besonders untersuchte und hervorhob, sprach anstelle der Triebsphäre von den Stadien der Ich-Entwicklung, die in das Zentrum seiner Theorie rückten. Gleich im ersten Stadium geht es um den Konflikt von Urvertrauen gegen Urmißtrauen (1950, 1959). Wiederum ist es die gute Mutter-Kind-Beziehung, die dem Kind zum Aufbau stabiler innerer Repräsentanzen einer insgesamt guten, erinnernswerten, vorhersehbaren und vertrauenswürdigen Welt verhilft. Daraus entstehen konstante Beziehungen zu den Dingen und Personen. Das Kind erlebt die Zuverlässigkeit der Mutter und schließlich die eigene. Das Böse in der Welt des Kindes taucht für *Erikson* erst mit der Fähigkeit zu beißen auf und legt unweigerlich die Keime des Urmißtrauens. Über den Ausgang des Konfliktes zwischen Urvertrauen und Urmißtrauen entscheidet abermals die Qualität der mütterlichen Zuwendung, aber nur in dem Sinn, daß die Bedrohungen der Welt zurückgedrängt werden. Sie lösen sich nicht auf, sondern werden nach außen projiziert, während das Kind alles Gute verinnerlicht.

Für *D. Winnicott* (1958) nimmt abermals die reale Mutter, die mit ihrer „holding function" den kindlichen Bedürfnissen genügend oder hinreichend gut entspricht, die Schlüsselrolle für eine gedeihliche Entwicklung ein. Dabei geht es *Winnicott* um die Unmittelbarkeit, um die lebendige Spontaneität im kreativen Augen-Blick des Umgangs von Mutter und Kind miteinander. Verfehlt aber die Mutter die kindliche Angewiesenheit wie die Begierde, so steigt im Kind das Erleben der Bedrohung und Vernichtung auf. Trägt sie indessen das Ihre bei und „hält" das Kind in seinen latenten Ängsten ausreichend sicher, dann kommt die Entwicklung seines „wahren Selbst", seiner aktiven Vitalität, in Gang. Übergriffe und Einmischungen der Umwelt, gegen die keine haltende Mutter abschirmt oder an denen sie sich gar mitbeteiligt, lassen ein „falsches Selbst" hervortreten mit einem Lebensgefühl des Unwirklichen, der lähmenden Routine sowie der persönlichen Bedeutungslosigkeit. Die zugewandte Mutter dagegen schützt die kindliche Existenzweise der Allmacht so weit, daß in „Übergangsobjekten" sich das kleine Kind selbst erschafft, was die Wirklichkeit schon längst bereithält. – Hier spricht *Winnicott* von der Paradoxie (1960) bei der Erschaffung innerer Repräsentanzen der äußeren Realität. Wir meinen, es handelt sich eher um eine Dialektik.

Winnicott geht in seiner Theorie dort entscheidend über die Ansätze von *M. Klein* hinaus, wo er aus der Sicht des teilnehmend beobachtenden Kinderarztes die zwischenmenschliche Realität von Mutter und Kind beschreibt. – Ohne sie hier weiter aufzurollen, sei auch auf die Bedeutung der Aggressivität des Kleinkindes verwiesen: Diese muß die Mutter auf sich ziehen, ohne Rache zu nehmen, um sie mit ihrem Kind gemeinsam zu überleben. Hierdurch wird die Mutter zum ersten realen Objekt der Welt und gewinnt zeitlichen Bestand jenseits der bloßen Fantasie des Kindes.

Weitere Autoren wären zu behandeln, etwa *R. Spitz* (1967) mit den Konzeptionen des „affektiven Klimas", der „psychotoxischen" bzw. der rein zeitlich ungenügenden Mutter-Kind-Beziehung. Erinnert sei auch an die Bedeutung der „Bemutterung" bei *M. Mahler,* um den Säugling zum Übertritt von der autistischen in die symbiotische Entwicklungsphase zu ermutigen. Damit aber die Ausführungen des ersten Kapitels sich nicht wiederholen, möge diese Andeutung genügen.

Es kam soeben darauf an, jene psychoanalytischen Entwürfe zur

Theorie der seelischen Entwicklung zu skizzieren, die der Figur der zuverlässigen und guten Bezugsperson entsprechen, wie sie Gegenstand der vorliegenden empirischen Untersuchung war. In der Theorie beginnt das Seelenleben regelmäßig mit der Beziehung zu einer solchen mütterlichen Person. In der Empirie unserer epidemiologischen Erhebung erfahren wir aus der Frühzeit unserer Probanden indessen sehr wenig und kaum Verläßliches. Aber geht es wirklich um eine chronologische Entsprechung der Theorien mit den Erinnerungen erwachsener Menschen an ihre frühe Kindheit? Oder bestätigen die trotz schwerer Frühgenese seelisch gesunden Probanden des Mannheimer Kohortenprojektes die psychoanalytische Theorie nicht insofern, als keiner von ihnen ohne die innere Repräsentanz einer konstant guten Person seine die seelische Gesundheit begründenden Ich-Funktionen erworben hat und daß diese innere Repräsentanzen jedesmal einer realen äußeren Person entsprechen? Solche guten Personen haben die Probanden während des überwiegenden Teils ihrer Kindheit begleitet und stellten ihnen die ausreichende Mütterlichkeit bereit, derer die Kinder im Sinne der obigen Autoren bedurften.

Damit ist ebenfalls verdeutlicht, daß die Bereitstellung des Genügenden keineswegs allein von den zugewandten Personen, sondern wesentlich auch vom kindlichen Bedarf abhängt. Der wiederum ist nicht nur eine konstitutionelle Größe, sondern resultiert auch aus den belastenden Konstellationen der primären kindlichen Umwelt, die es zu bewältigen gilt. Dazu fügt sich der mehrfach diskutierte Gedanke, wonach insbesondere die Gruppe der nach schwerer Kindheit heute kranken Personen sich ggf. das kompensatorische Angebot real guter und hilfsbereiter Personen als innere Repräsentanz gar nicht erst aneignen konnte, weil das noch so gutwillige Angebot dieser Personen für den ebenso realen kindlichen Bedarf nicht ausreichte. Dieser Zusammenhang dürfte es sein, welcher der negativen Korrelation der frühkindlich guten Bezugsperson und den speziellen frühkindlichen Belastungsfaktoren (Abbildung 2) zugrunde liegt.

In einigen Fällen freilich standen jene später biographisch gut verbürgten Bezugspersonen den Kindern am Beginn ihres Lebens noch nicht zur Verfügung. An welche Vorerfahrungen knüpften bei ihnen die positiven Bezugspersonen an? Theoretisch liegen die Antworten bereit: Sie verweisen auf eine Primärerfahrung, aus der inneren Konstitution kommend, aus der intrauterinen Vergangenheit, aus einer real guten, frühen Teilobjektbeziehung oder aus

146

einem wenigstens vorübergehend genügend guten mütterlichen Objekt, dessen das Kind wieder verlustig ging und das „auferstand", als die tatsächlich gute Person sich des kindlichen Probanden annahm. Der springende Punkt der Argumentation ist ein Erfahrungskeim spekulativer Herkunft, der die gute Selbst-Objekt-Beziehung als die Basis aller seelischen Gesundheit bewahrt, bis die zärtliche Zuwendung eines tatsächlichen Menschen der wirklichen Umwelt die Anlagen dieses Keimes zum Wachstum und für das weitere Leben zu kreativer zwischenmenschlicher Entfaltung erweckt.

Unser retrospektiver Ansatz kann nicht mehr leisten, als die Bedeutung wirklicher, mütterlicher Menschen für die gesunde Entwicklung hochbelasteter Kinder zu belegen. Über die Genese des Potentials, das da zur Entfaltung gelangt, sagen die psychoanalytischen Theorien auch dann Wesentliches, wenn sie den empirischen Beleg schuldig bleiben. Bilden sie doch den unentbehrlichen Verständnisrahmen unserer therapeutischen Arbeit.

Die Epidemiologie aber bestätigt die Idee der Mütterlichkeit als Grundstein der seelischen Entwicklung jedes Menschen. Sie ist auch Mythologie, aber wie diese unverzichtbarer Tatbestand menschlichen Lebens.

So wurde die Theorie von der fundamentalen Zweierbeziehung der Frühzeit durch den Kindheitsfaktor der zuverlässigen und guten Bezugsperson ein weiteres Mal empirisch erhärtet und unser Verständnis davon theoretisch vertieft. Wie aber steht es um den anderen Aspekt der Kindheit im reduzierten Bedingungsmodell (Abbildung 3), die *Vollständigkeit des Elternpaares?* Scheint doch dieser Faktor bei allgemein hoher frühkindlicher Belastung auf spätere psychogene Krankheit hinzuweisen.

Vollständigkeit des Elternpaares hängt zumeist von der An- oder Abwesenheit des Vaters ab, genauer davon, ob sich die Mutter als Partnerin in einer aktuell bestehenden, engen Beziehung zu einem Mann erfährt. Damit wäre die Mutter-Kind-Dyade lediglich Segment eines schon von Anfang an triadischen Bezugsfeldes. Der bedeutsame Tatbestand ist nicht die Zahl der Köpfe, die zur frühkindlichen Familie unserer Probanden gehören. Vielmehr geht es darum, ob das heranwachsende Kleinkind bald – oder zu bald – die Existenz (zumindest) einer weiteren, von der Mutter unabhängigen Person erleben muß, die im Erleben des Kindes ebenso bedeutend und mächtig war wie die Mutter. Die moderne psychoanalytische Theorie spricht von diesem Entwicklungsprozeß, in dem das dyadische Beziehungsfeld sich in der Regel um den Vater als eine relevante Figur neben der Mutter erweitert, als der „frühen Triangulierung".

Die Rolle des Vaters blieb in der Psychoanalyse lange auf die einer verbietenden, strafend-kastrierenden oder die eigene Tochter verführenden Person im Kontext der Ödipalität beschränkt. Der vorödipale Vater, auf den *Schwidder* (1967) schon einmal vergebens hingewiesen hat, geriet erst über die französische (*Mendel,* 1972a, b) und die amerikanische (*Abelin,* 1971, 1975; *Mahler* et. al., 1975; *Prall,* 1978) Psychoanalyse in das Blickfeld deutscher Autoren (*Mitscherlich-Nielsen,* 1978; *Rotmann,* 1978; *Stork,* 1983) als Bezugsperson des Kleinkindes für dessen Identifikationen, für die Herausbildung des Ich-Ideals und der Über-Ich-Vorläufer. Der Vater gewinnt diese Bedeutung für die psychische Entwicklung des Kindes als Kontrastrepräsentanz zu jener der Mutter, indem er sich kontinuierlich dazu anbietet, die ihn ausschließende Beziehungsdyade zu erweitern. Er wird damit zum Schrittmacher des Prozesses der Trennung, Verselbständigung und Individualität. Er ermutigt das Kind zum Wagnis der Ent-Identifizierung mit der Mutter und steht für das Kind als ein auch von der Mutter bewundertes Idealobjekt bereit. In der Wiederannäherungsphase, wenn das Kind nach ersten Enttäuschungen im selbständigen Lebenskampf voller Sehnsucht, aber auch voller Vorwürfe im mütterlichen Hafen wieder vor Anker geht, dämpft der Vater den regressiven Sog zurück in die Symbiose und konsolidiert so den noch unbestimmten Freiraum zwischen dem Kind und seinem primären Objekt. Diesen Freiraum, entstanden durch die sinnlich-leibliche Trennung vom primären Objekt, füllt und ordnet allmählich das mit dem Vater identifizierte Kind mit Hilfe von dessen bildhaften und sprachlichen Symbolen (*Lang,* 1973, 1982).

Mit dem Scheitern dieser frühen, präödipalen Triangulierung bringt die zeitgenössische Psychoanalyse insbesondere die strukturellen Ich-Störungen (psychovegetative Syndrome, *Ermann,* 1982) in Verbindung und führt sie auf die relative oder absolute Unzulänglichkeit des Vaters in seiner entwicklungspsychologischen Funktion zurück. Eine solche Unzulänglichkeit muß nicht gleich die physische Abwesenheit des Vaters bedeuten, sondern kann schon in einer schlechten Beziehung der Eltern zueinander begründet sein. Insofern kommt der Mutter bei der Auflösung der symbiotischen Dyade ein entscheidender Part zu: Sie muß durch die Qualität ihrer Beziehung zum Mann diesen dem Kind kontinuierlich als einen „willkommen geheißenen Dritten" (*Mertens*, 1981, S. 66) aufzeigen. Gerade die Mutter der Rumpffamilie bleibt aus vielerlei Gründen auf den abwesenden, aber als solchen gewünschten und vermißten Vater viel stärker bezogen als die Mutter einer offen oder latent zerrütteten, aber vollständigen Familie. Daher steht dem Kind der unfreiwillig alleinerziehenden Mutter am ehesten frei, sich den Dritten in der erweiterten Umwelt zu suchen. Denn als familiäre Lebensform ist die Struktur des Vaters erhalten. Der idealisierte, vermißte Vater bleibt in seinem Fehlen gewollt und gegenwärtig. Derart vermittelt er den Weg zu allen nur zugänglichen Ersatzpersonen, bei denen das Kind sich umsehen darf, um den unter ihnen zu verehren, der so zu sein scheint wie der fantasierte Vater. Über diesen Weg werden zahlreiche Aspekte vermutlich der Väter von Spielkameraden internalisiert und zugleich damit die Struktur des dort mitzuerlebenden triangulierten Familiengefüges. So kann auch im Zusammenleben mit der alleinerziehenden Mutter dank einer an Vater-Substituten vollzogenen frühen Triangulierung der faktisch abwesende Vater als triadischer Bezug immer mitgemeint sein.

Für die frühe Triangulierung auch eines vaterlosen Kindes bestehen daher sehr gute Chancen, wenn eine seelisch reife Mutter die Verbindung mit einem erwachsenen Mann innerlich bejaht und nicht das Kind als Ersatzpartner mißbraucht, um sich mit ihm gegen die schlechte Welt der Männer abzuschotten. Andererseits behindern hochgradige emotionale Dissonanzen innerhalb einer de facto vollständigen Familie diesen seelischen Wachstumsschritt. Strukturelle Ich-Störungen resultieren nahezu zwangsläufig. Schließlich muß es einem Kind, dessen realer Vater sich einer frühen Triangulierung verweigert, erheblich schwerer als einer Halbwaise werden, sich, sozusagen am negativen familiären Vorbild vorbei, seine Identifikationen mit der Welt der Väter außerhalb zu holen.

So geht die Wandlung, die sich in der frühen Triangulierung vollzieht, über den Aufbau einer Beziehung zur konkreten menschlichen Person des Vaters weit hinaus und verweist strukturell auf die Einführung eines dritten Objektes schlechthin. Damit wird der „Bezug zum Vater als dem Andersartigen" gestiftet, und dieser Bezug geht niemals verloren, „auch wenn der Vater auf eine Leerstelle oder eine unzugängliche symbolische Form reduziert ist" (*Stork*, 1983, S. 72). Der Dritte eröffnet den Weg aus der erdrückenden Umschlingung der Mutter-Imago, indem er Freiheit als Lebensordnung unter einem Gesetz (Inzest-Tabu) anbietet. Damit ist der Vater derjenige, den auch die bösen, magisch-mächtigen Seiten der archaischen Mutter-Imago nicht ängstigen (*Mendel,* 1972a) und der genau deshalb dem Kind zu einem menschlichen Bild seiner wirklichen Mutter verhelfen kann. Der Aufbruch aus der Dyade wird möglich durch das väterliche Symbol, welches zuerst das Symbol der Verneinung sein muß (*Stork,* 1976), um so die Möglichkeit einer zumindest graduellen Unabhängigkeit vom Inzestwunsch und damit vom Lustprinzip zu begründen.

Mit diesen Erörterungen sollte im Anschluß an die Diskussion der wenig spektakulären, aber entwicklungspsychologisch eminenten Bedeutung der zuverlässig verfügbaren und guten frühkindlichen Bezugsperson auch die Signifikanz eines vollständigen bzw. unvollständigen frühen Elternpaares für solche Menschen beleuchtet werden, deren Frühgenese in der Gesamtbeurteilung als psychosozial hochgradig belastet eingestuft werden muß. Wir sahen, wie die Anwesenheit eines (Ersatz-)Vaters ihrer frühen Triangulierung zumeist im Wege steht, weil diese Männer aufgrund ihrer problematischen Person und der dann oft schlechten Ehe zu der vorgegebenen hohen frühkindlichen Globalbelastung entscheidend beitragen. Die reale Abwesenheit eines strukturell von der Mutter und von der Ordnung ihrer Lebensbezüge stets gemeinten Vaters lädt dagegen das Kind zur Identifikation mit Ersatzpersonen aus der „natürlichen" Umwelt ein: Die frühe Triangulierung kann ungeachtet hoher sonstiger psychosozialer Belastungen (wozu selbstverständlich die Umstände der Abwesenheit des Vaters zählen) mehr oder weniger unbehindert stattfinden.

Abschluß

Vor allem aber bestätigen unsere Befunde in aller Eindeutigkeit (Abbildung 3), wie ein derartiger Strukturwandel vom dyadischen zum triadischen Objektbezug ausschließlich auf der Grundlage einer guten dyadischen Primärbeziehung erfolgen kann. Das nämlich war die Hauptthese dieses Buches. Im Verlauf aber gewann sie ein solches Maß an Selbstverständlichkeit, daß sie zum Abschluß noch einmal nachdrücklich herausgestellt sei:

Die Entwicklung des Kindes zu seelischer Gesundheit im Erwachsenenalter trotz hoher psychosozialer Belastungen während der Vorschulzeit bedarf unabdingbar einer real gegenwärtigen, zuverlässigen und guten Bezugsperson, wobei das Kind zu dieser

Person eine intensive Beziehung herstellen und durchhalten können muß. Damit trifft sich unser *retrospektiver* Untersuchungsplan mit den entwicklungs*begleitenden* Forschungen von *Werner* und *Smith* (1982) und gibt einen Beleg dafür, daß den Erinnerungen Erwachsener an bedeutsame Personen der frühen Kindheit durchaus biographisches Gewicht zukommt.

Die weitere Forschung hätte zum einen den Versuch zu unternehmen, an einer größeren Zahl frühkindlich hochbelasteter Probanden, die zum Teil gesunde, zum Teil psychogen kranke Erwachsene wurden, diesen Zusammenhang noch breiter zu fundieren. Eine theoretisch wünschenswerte Begleitforschung an stigmatisierten Kindern andererseits stünde vor erheblichen ethischen Problemen und müßte von vornherein als Behandlungsstudie angelegt sein. – Weitere Quellen der Erkenntnis könnten aus der vertieften Rückschau etwa im Rahmen psychotherapeutischer Begegnungen mit strukturell gar nicht bis tiefgestörten Patienten sein, um daraus neue Aufschlüsse über die verinnerlichten Strukturen des emotionalen und tätigen Umgangs zwischen dem frühkindlichen Probanden und seiner primären Bezugsperson zu ziehen. Vielleicht ist es aber auch an der Zeit, den wissenschaftlichen Zweifel an der Bedeutsamkeit einer guten frühkindlichen Dyade bis zum Auftauchen entscheidend neuer Gesichtspunkte zu begraben, um sich ganz der *Therapie* von solchen Kindern, Jugendlichen und Erwachsenen sowie der begleitenden Therapieforschung zu widmen.

III. Literatur

Abelin, E. L. (1971): The role of the father in the separation-individuation process. In: *McDevitt, J.* und *C. F. Settlage* (eds.): Separation-individuation: Essays in honor of Margaret S. Mahler. Int. Univ. Press, New York.
- (1975): Some further observations and comments on the earliest role of the father. Int. J. Psycho-Anal. 56: 293–302.
Anderson, E. J. (1960): The prediction of adjustment over time. In: *Iscoe, I.* und *H. Stevenson* (eds.): Personality and development in children. University of Texas Press, Austin.
Anthony, E. J. (1970): The mutative impact of serious mental and physical illness in a parent on family life. In: *Anthony, E. J.* und *C. Koupernik* (eds.): The child in his family. Wiley, New York.
- (1974a): The syndrome of the psychologically invulnerable child. In: *Anthony, E. J.* und *C. Koupernik* (eds.): The child in his family. Vol. 3. Children at psychiatric risk. Wiley, New York.
- (1974b): The syndrome of the psychologically vulnerable child. In: *Anthony, E. J.* und *C. Koupernik* (eds.): The child in his family. Vol. 3. Children at psychiatric risk. Wiley, New York.
Appley, M. und *R. Trumbull* (1967): Psychological stress. Appleton-Century Crofts, New York.
Balint, M. (1952): Die Urformen der Liebe und die Technik der Psychoanalyse. Huber, Klett, Bern, Stuttgart (1966).
Baltes, P. P. und *K. W. Schau* (1973): On life-span developmental research paradigmas: Retrospects and prospects. In: *Dies.* (eds.): Life-span developmental psychology: Personality and socialisation. Academic Press, New York.
Bayley, N. und *E. S. Schaefer* (1964): Correlations of maternal and child behavior with the development of mental abilities: Data from the Berkeley growth study. Monogr. Society Res. Child Develop. Nr. 97, Washington D.C.
Bennett, I. (1960): Delinquent and neurotic children. Basic Books, New York.
Berger, M. (1975): Attainment and adjustment in two geographical areas: III. Some factors accounting for area differences. British J. of Psychiatry 126: 520–533.
Biermann, G. (1974): Frühe Kindheitsschicksale Verfolgter und ihre späteren Auswirkungen. In: *Ders.* (Hg.): Jahrhundert der Psychohygiene II. Reinhardt, München.
Birtchnell, J. (1972): Early parent death and psychiatric diagnosis. Social Psychiatry 7: 202–210.

Bleuler, M. (1972): Die schizophrenen Geistesstörungen im Lichte langjähriger Kranken- und Familiengeschichten. Thieme, Stuttgart.

Block, J. (1971): Live through time. Bancroft Books, Berkeley.

Block, J. und *J. Block* (1980): The role of ego-control and egoresiliency in the organization of behavior. In: *Collins, W. A.* (ed.): Development of cognition, affect, and social relations. Erlenbaum, Hillsdale, N. J.

Bojanovsky, J. (1983): Psychische Probleme bei Geschiedenen. Enke, Stuttgart.

Bowlby, J. (1946): Fourty-four juvenile thieves. Tyndall & Cox, London.

– (1952): Maternal care and mental health. WHO, Genf.

– (1958): The nature of the child's tie to his mother. Int. J. Psychoanal. 39: 350–373.

– (1960): Separation anxiety. Int. J. Psychoanal. 41: 89–113.

– (1961): Childhood mourning and its implication for psychiatry. The Am. J. of Psychiatry 118: 481–498.

– (1969): Attachment and Loss. Vol. 1. Attachment. Hogarth, London.

– (1972): Mutterliebe und kindliche Entwicklung. Reinhardt, München.

– (1976): Trennung. Kindler, München.

Bowlby, J. und *C. M. Parkes* (1970): Separation and loss within the family. In: *Anthony, E. J.* und *C. Koupernik* (eds.): The child in his family. Wiley, New York.

Bowlby, J., M. Ainsworth, M. Boston und *D. Rosenbluth* (1956): The effects of mother-child separation: A follow up study. Br. med. J. Psychol. 29: 211–247.

Brown, G. W. und *T. O. Harris* (1978): Social origins of depression: A study of psychiatric disorder in women. Tavistock, London.

Byrne, D. G. und *H. M. Whyte* (1980): Life events and myocardial infarction revisted the role of measures of individual impact. Psychosomatic Medicine 42: 1–10.

Campbell, B. A. und *U. Jaynes* (1966): Reinstatement. Psychol. Rev. 73: 478–480.

Chiland, C. (1974): Some paradoxes connected with risk and vulnerability. In: *Anthony, E. J.* und *C. Koupernik* (eds.): The child in his family. Vol. 3. Children at psychiatric risk. Wiley, New York.

Clarizio, H. F. (1969): Mental health and the eduacative process. Rand McNally, Chicago.

Clauß, G. und *H. Ebner* (³1979): Grundlagen der Statistik. H. Deutsch, Frankfurt/M.

Coolidge, J. C., R. D. Brodie und *B. Feeney* (1964): A ten-year follow-up study of 66 school-phobic children. Am. J. of Orthopsychiatry 34: 675–684.

Cooper, B. und *H. G. Morgan* (1977): Epidemiologische Psychiatrie. Urban & Schwarzenberg, München.

Cowen, E. L., A. Pederson, H. Babigan, L. D. Izzo und *M. A. Trost* (1973): Long-term follow-up of early detected vulnerable children. J. of Consulting and Clinical Psychology 41: 438–446.

Cox, A. (1976): The association between emotional disorders in childhood and neuroses in adult life. In: *Praag, H. M. van* (ed.): Research in neurosis. Bohn, Scheltema und Holkema, Utrecht.

Cranach, M. v. und *A. Strauss* (1978): Internationaler Vergleich diagnostischer Urteile und Entwicklung der deutschen Fassung eines international angewandten standardisierten Befunderhebungssystems. Bericht an die Deutsche Forschungsgemeinschaft über das Projekt A 3 des Sonderforschungsbereiches 116, München.

Davidson, G. C. und *J. M. Neale* (1979): Klinische Psychologie – Ein Lehrbuch. Urban & Schwarzenberg, München.

Degkwitz, R., H. Helmchen et al. (Hg.) (1975): Diagnosenschlüssel und Glossar psychiatrischer Krankheiten. Springer-Verlag Berlin, Heidelberg, New York.

Dilling, H. (1977): Niedergelassene Nervenärzte in der psychiatrischen Versorgung. Nervenarzt 48: 586–602.

Dilling, H. und *S. Weyerer* (1980): Behandelte und nichtbehandelte psychiatrische Morbidität in der Bevölkerung. Bericht an die DFG, Proj. A 10 im SFB 116. München (zit. n. *Schepank, H.* u. a., 1984a).

Dilling, H., S. Weyerer und *I. Enders* (1978): Patienten mit psychischen Störungen in der Allgemeinpraxis und ihre psychiatrische Überweisungsbedürftigkeit. In: *Häfner, H.* (Hg.): Psychiatrische Epidemiologie. Springer, Berlin, Heidelberg, New York.

Dilling, H., S. Weyerer und *R. Castell* (1984): Psychische Erkrankungen in der Bevölkerung. Enke, Stuttgart.

Dixon, P. (1977): Unpublished data. (zit. n. *Rutter, M.*, 1979; s. dort).

Dohrenwend, B. P. und *B. S. Dohrenwend* (1965): The problem of validity in field studies of psychological disorders. J. of Abnorm. Psychol. 70: 52–69.

–/– (1969): Social status and psychological disorders: A causal inquiry. Wiley & Sons, New York.

Dohrenwend, B. S. und *B. P. Dohrenwend* (1972): Social class and the relation of remote to recent stressors. In: *Roff, M., L. N. Robins* und *M. Pollack* (eds.): Life history research in psychopathology. Vol. 2 University of Minnesota Press, Minneapolis.

–/– (eds.) (1974): Stressful life events: Their nature and effects. Wiley & Sons, New York.

Douglas, J. (1970): Broken families and child behavior. J. roy. Coll. Physicians 4: 203–210 (zit. n. *Robins, L.* 1979; s. dort).

– (1975): Early hospital admissions and later disturbances of behavior and learning. Develop. Med. Child Neurol. 17: 456–480.

Dührssen, A. (1958): Heimkinder und Pflegekinder in ihrer Entwicklung. Verlag für Med. Psychologie im Verlag Vandenhoeck & Ruprecht, Göttingen (^{2}1964).

– (^{4}1962): Psychogene Erkrankungen bei Kindern und Jugendlichen. Verlag für Med. Psychologie im Verlag Vandenhoeck & Ruprecht, Göttingen.

- (⁴1971): Psychotherapie bei Kindern und Jugendlichen. Verlag für Med. Psychologie im Verlag Vandenhoeck & Ruprecht, Göttingen.
- (1976): Die Bedeutung der frühen Kindheit für spätere Krankheitsentwicklung. In: *Jores, A.* (Hg.): Praktische Psychosomatik. Huber, Bern, Stuttgart, Wien.
- (1978): Religiöse Erlebnisweisen und psychotherapeutische Verfahren. Zeitschr. f. psychosom. Med. u. Psychoanalyse 24: 201–208.
- (1981): Die biographische Anamnese unter tiefenpsychologischem Aspekt. Verlag für Med. Psychologie im Verlag Vandenhoeck & Ruprecht, Göttingen.
- (1984): Risikofaktoren für die neurotische Krankheitsentwicklung. Zeitschrift für Psychosomatische Medizin und Psychoanalyse 30: 18–42.
Dunn, J., C. Kendrich und *R. McNamee* (1981): The reaction of first-born children to the birth of a sibling: Mothers' reports. J. Child Psychol. Psychiatry 22: 1–18.
Elder, G. H. (1979): Historical change in life patterns and personality. In: *Baltes, B. P.* und *O. G. Brim* (eds.): Life span development and behavior. Vol. 2. Academic Press, New York.
Elizur, E. und *M. Kaffmann* (1983): Factors influencing the severity of childhood. Bereavement reactions. Am. J. of Orthopsychiatry 53: 668–676.
Erikson, E. H. (1950): Kindheit und Gesellschaft. Klett, Stuttgart (1968).
- (1959): Identität und Lebenszyklus. Suhrkamp, Frankfurt/M. (1966).
Ermann, M. (1982): Die psychovegetativen Störungen als ich-strukturelles Problem. Zeitschr. psychosom. Med. 28: 255–265.
Ernst, K., H. Kind und *M. Rotach-Fuchs* (1968): Ergebnisse der Verlaufsforschung bei Neurosen. Springer, Berlin, Heidelberg, New York.
Ernst, C. und *J. Angst* (1983): Birth order. Springer, Berlin, Heidelberg, New York.
Escalona, S. und *G. Heider* (1959): Prediction and outcome: A study in child development. Basic Books, New York.
Farrington, D. P., G. Gundry und *D. J. West* (1975): The familial transmission of criminality. Med. Sci. Law 15: 177–186.
Forssman, H. und *I. Thuwe* (1966): One hundred and twenty children born after application for therapeutic abortion refused. Acta psichiat. scand. 42: 71–88.
Fraser, M. (1974): Children in conflict. Penguin, Harmandsworth.
Freud, A. (1971): Wege und Irrwege in der Kinderentwicklung. Huber, Klett, Stuttgart, Bern.
Freud, A. und *D. Burlingham* (1950): Anstaltskinder. Imago, London.
Freud, S. (1896): Weitere Bemerkungen über die Abwehrpsychoneurosen. G. W. I. Fischer, Frankfurt/M. (²1964).
- (1897): Brief an W. Fließ vom 21. 9. 1897. In: *Ders.:* Aus den Anfängen der Psychoanalyse. Briefe an Wilhelm Fließ. Fischer, Frankfurt/M. (1962).
- (1905): Drei Abhandlungen zur Sexualtheorie. In: G. W. V. Fischer, Frankfurt/M. ⁴1968).

- (1909): Der Familienroman der Neurotiker. G. W. VII. Fischer, Frankfurt/ M. (⁴1966).
- (1915): Triebe und Triebschicksale. In: G. W. X. Fischer, Frankfurt/M. (⁴1967).
- (1916/17): Vorlesungen zur Einführung in die Psychoanalyse. In: G. W. XI. Fischer, Frankfurt/M. (⁴1966).

Fries, M. und P. Wolf (1971): The influence of constitutional complex on developmental phases. In: McDevitt, J. und C. Settlage (eds.): Separation-individuation. Int. Univ. Press, New York.

Gareis, B. und E. Wiesnet (1974): Frühkindheit und Jugendkriminalität. Goldmann, München.

Garmezy, N. (1972): Models of etiology for the study of children at risk for schizophrenia. In: Roff, M., L. N. Robins und M. Pollack (eds.): Life history research in psychopathology. Vol. 2. University of Minnesota Press, Minneapolis.
- (1974): The study of competence in children at risk for severe psychopathology. In: Anthony, E. J. und C. Koupernik (eds.): The child in his family. Vol. 3. Children at psychiatric risk. Wiley, New York.
- (1976): Vulnerable and invulnerable children: Theory, research and intervention. Master lectures on developmental psychology. American Psychological Association, Washington.
- (1981): Children under stress: Perspectives on antecedents and correlates of vulnerability and resistance to psychopathology. In: Rabin, A. J., J. Aronoff, A. M. Barclay und R. A. Zucker (eds.): Further explorations in personality. Wiley Interscience, New York.
- (1983): Stressors of childhood. In: Garmezy, N. und M. Rutter (eds.): Stress, coping and development in children. McGraw Hill, New York.

Gay, M. und W. Tonge (1967): The late effects of loss of parents in childhood. Brit. J. Psychiatr. 113: 753–760.

Gehlen, A. (⁶1958): Der Mensch, seine Natur und seine Stellung in der Welt. Athenäum, Bonn.

Glueck, S. und E. Glueck (1940): Juvenile delinquents grown up. Commonwealth Fund, New York (zit. n. Robins, L., 1979; s. dort).
-/- (1968): Delinquents and nondelinquents in perspective. Harvard University Press, Cambridge.

Goldberg, D., B. Cooper, M. Eastwood, H. Kedward und M. Shepard (1970): Standardized psychiatric interview for use in community surveys. Brit. J. Prev. Soc. Med. 24: 18–23.

Goldfarb, W. (1943): Effects of early care on adolescent personality. J. Exp. Education 12: 106–129.
- (1947): Variations in adolescent adjustment of institutionally reared children. Am. J. Orthopsychiatry 17: 449–457.
- (1949): Rorschach test differences between family-reared, institutions-reared, and schizophrenic children. Am. J. Orthopsychiatry 19: 625–633.
- (1955): Emotional and intellectual consequences of psychological depri-

vation in infancy: A reevaluation. In: *Hoch, Ph.* und *J. Zubin* (eds.): Psychopathology of childhood. Grune u. Stratton, New York.

Gregory, I. (1958/59): Studies of parental deprivation in psychiatric patients. Am. J. Psychiatry 115: 432–442.

Gunderson, E. K. E. und *R. H. Rahe* (eds.) (1974): Life stress and illness. Thomas, Springfield.

Guttmann, G. (^{3}1982): Einführung in die Neuropsychologie. Huber, Bern, Stuttgart, Wien.

Haan, N. (1977): Coping and Defending. Processes of selfenvironment organization. Academic Press, New York.

Häfner, H. (1978): Einführung in die Psychiatrische Epidemiologie. In: *Häfner, H.* (Hg.): Einführung in die Psychiatrische Epidemiologie. Springer, Berlin, Heidelberg, New York.

Halpern, E. (1982): Children's support systems in coping with orphanhood. Child helps child in a natural setting. In: *Spielberger, C. D.* und *I. G. Sarason* (eds.): Stress and anxiety. Vol. 8 Hemisphere, Washington.

Harlow, H. F. (1959): Basic social capacity of primates. Human Biol. 31: 40–53.

– (^{2}1975): Ethology. In: *Freedman, A., H. Kaplan* und *J. Sadock* (eds.): Comprehensive textbook of psychiatry, Vol. 1. Williams & Wilkins, Baltimore.

Harlow, H. F. und *M. Harlow* (1962): Social deprivation in monkeys. Science, Am. 207, 137–146.

Hartmann, H. (1958): Ich-Psychologie und Anpassungsprobleme. Klett, Stuttgart 1965.

Hassenstein, B. (1973): Verhaltensbiologie des Kindes. Piper, München.

– (1975): Bedingungen für die Sozialisation des Kindes in der Sicht der Verhaltensbiologie. In: *Neidhardt, F.* (Hg.): Frühkindliche Sozialisation. Enke, Stuttgart.

Hau, Th. (1968): Frühkindliches Schicksal und Neurose. Verlag für Med. Psychologie im Verlag Vandenhoeck & Ruprecht, Göttingen.

Havighurst, R. J., P. H. Bowman, G. Liddle, C. Matthews und *J. Pierce* (1962): Growing up in river city. Wiley, New York.

Hebb, D. O. (1972): Einführung in die moderne Psychologie. Beltz, Weinheim.

Heider, G. M. (1966): Vulnerability in infant and young children. A pilot study. Genetic Psychology Monographs 73: 1–216.

Heigl-Evers, A. und *H. Schepank* (Hg.) (1980/82): Ursprünge seelisch bedingter Krankheiten. Eine Untersuchung an 100 + 9 Zwillingspaaren mit Neurosen und psychosomatischen Erkrankungen. 2 Bände. Verlag für Med. Psychologie im Verlag Vandenhoeck & Ruprecht, Göttingen.

Hemminger, H. (1982): Kindheit als Schicksal? Rowohlt, Reinbek.

Henderson, S., D. Byrne und *P. Duncan-Jones* (1981): Neurosis and the social environment. Academic Press Australia, Sidney, New York.

Hess, R. D. und *V. Shipman* (1972): Die Beeinflussung frühen Lernens durch die Mutter. In: *Hess, R.* und *R. Bear* (eds.): Frühkindliche Erziehung. Beltz, Weinheim.

Hetherington, E. M. (1980): Children and divorce. In: *Henderson, R.* (ed.): Parent-child interaction. Academic Press, New York.

Hetzer, H. ([2]1937): Kindheit und Armut. S. Hirtzel, Leipzig.

Hönmann, H. und *H. Schepank* (1981): Life events influencing diseases. In: *Koptagel-Ilal* (ed.): Proceedings of the 13th European Conference on Psychosomatic Research, Istanbul.

–/– (1983): Life events in der Allgemeinbevölkerung. Vorläufige Ergebnisse einer psychosomatisch-epidemiologischen Feldstudie. Z. Psychosom. Med. Psychoanalyse 29: 110–126.

Hönmann, H., H. Schepank, P. Riedel und *G. Schmidt* (1981): Die Beschwerden der psychisch Gesunden. In: Verhandlungen der Deutschen Gesellschaft für innere Medizin 87: 1238–1241.

Hollingshead, A. B. und *F. Redlich* (1975): Der Sozialcharakter psychischer Störungen. Eine sozialpsychiatrische Untersuchung. Fischer, Frankfurt/M.

Holmes, Th. und *R. Rahe* (1967): The social readjustment rating scale. J. psychosom. Res. 11: 213–218.

Howells, J. G. und *J. Layung* (1955): Separation experiences and mental health. Lancet 2: 285–288.

Hunt, J. V. und *D. H. Eichhorn* (1972): Maternal and child behaviors. A review of data from the Berkeley growth study. Semin. Psychiat. 4: 367–381.

Janta, B. und *M. Ermann* (1983): Bericht von der 1. Konferenz der DPG-Arbeitsgemeinschaft für wissenschaftlichen Austausch am 19. und 20. 3. 1982 – Diskussionsthema: Geneseforschung. Zsch. psychosom. Med. Psychoanal. 29: 293–301.

Kadushin, A. (1967): Reversibility of trauma. A follow-up study of children adopted when older. Social work 12: 22–33.

Kagan, J. (1962): From birth to maturity. A study in psychological development. Wiley, New York.

– (1971): Change and continuity in infancy. Wiley, New York.

– (1975): Resilience in cognitive development. Ethos 3: 231–247.

– (1979): Emergent themes in human development. American Scientist 64: 186–196.

– (1983): Stress and coping in early development. In: *Garmezy, N.* und *M. Rutter* (eds.): Stress, coping and development in children. McGraw Hill, New York.

Kagan, J. und *R. E. Klein* (1973): Cross-cultural perspectives on early development. American Psychologist 28: 947–961.

Kandel, E. R. (1983): From metapsychology to molecular biology. Explorations in the nature of anxiety. Am. J. Psychiatry 140: 1277–1293.

Keilson (1979): Sequentielle Traumatisierung bei Kindern. Enke, Stuttgart.

Kellam, S., M. Ensminger und *R. Turner* (1977): Family structure and the mental health of children. Arch. Gen. Psychiatry 34: 1012–1022.

Klein, M. (1962): Das Seelenleben des Kleinkindes. Klett, Stuttgart.

Kleining, G. und *H. Moore* (1968): Soziale Selbsteinstufung (SSE). Ein Instrument zur Messung sozialer Schichten. Kölner Z. f. Soz. u. Soz.-Psychol. 20: 502–552.

Kohlberg, L., J. LaCrosse und *D. Ricks* (1972): The predictability of adult mental health from childhood behavior. In: *Wolman, B. B.* (ed.): Manual of child psychopathology. McGraw Hill, New York.

Koocher, G. P. und *J. E. O'Malley* (1981): The damocles syndrome: Psychosocial consequences of surviving childhood cancer. McGraw Hill, New York.

Krech, D., M. R. Rosenzweig und *E. L. Bennett* (1966): Environmental impoverishment, social isolation and changes in brain chemistry and anatomy. Physical Behaviour 1: 99–104.

Künzel, G. (⁵1976): Jugendkriminalität und Verwahrlosung. Vandenhoeck und Ruprecht, Göttingen.

Lang, H. (1973): Die Sprache des Unbewußten. Suhrkamp, Frankfurt/M.

– (1982): Struktural-analytische Gesichtspunkte zum Verständnis der schizophrenen Psychose. In: *Janzarik, W.* (Hg.): Psychopathologische Konzepte der Gegenwart. Enke, Stuttgart.

Langenmayr, A. (1975): Familiäre Umweltfaktoren und neurotische Struktur. Verlag für Med. Psychologie im Verlag Vandenhoeck & Ruprecht, Göttingen.

– (1978): Familienkonstellation, Persönlichkeitsentwicklung, Neurosenentstehung. Hogrefe, Göttingen.

Langmeier, J. und *Z. Matejcek* (1977): Psychische Deprivation im Kindesalter. Urban & Schwarzenberg, München.

Lazarus, R. S. (1966): Psychological stress and the coping process. McGraw Hill, New York.

Lazarus, R. S. und *R. Launier* (1978): Stress-related transactions between person and environment. In: *Pervin, L. A.* und *M. Lewis* (eds.): Perspectives in interactional psychology. Plenum, New York.

Lazarus, R. S., J. R. Averill und *E. M. Opton* (1974): The psychology of coping. Issues of research and assessment. In: *Coelho, G. V., D. A. Hamburg* und *J. E. Adams* (eds.): Coping and adaption. Basic Books, New York.

Lebovici, M. (1973): Living with a psychotic parent. Diss. Paris (zit. n. *Chiland, C.,* 1974; s. dort).

Lidz, T. (1959/60): Zur Familienumwelt des Schizophrenen. Psyche 3: 243–267.

Lieberz, K. (1983): Geschwisterlicher Altersabstand und neurotische Störung im Erwachsenenalter. Zeitsch. Psychoth. Psychosom. Med. Psychol. 33: 217–223.

– (1984): Geringer geschwisterlicher Altersabstand – ein Risikofaktor in der Genese schizoider Störungen? Nervenarzt 55: 596–601.

Lindon, R. L. (1961): Risk register. Cerebral Palsy Bulletin 3: 481–487.

Liptow, W. (1977): Das alkoholbehinderte Kind. Neuland Verlag, Hamburg.

Livson, N. und *H. Peskin* (1967): The prediction of adult psychological health in a longitudinal study. Journ. of Abnormal Psychology 72: 509–518.

Maccoby, E. (1983): Social-emotional development and response to stressors. In: *Garmezy, N.* und *M. Rutter* (eds.): Stress, coping and development in children. McGraw Hill, New York.

MacFarlane, J. W. (1939): The guidance study. Sociometry 2: 1–23.

– (1963): From infancy to adulthood. Childhood education 39: 336–342.

– (1964): Perspectives on personality consistency and change from the guidance study. Vita humana 7: 115–126.

Mahler, M. (1968): Psychosen im frühen Kindesalter. Klett, Stuttgart 1972.

Mahler, M., F. Pine und *A. Bergmann* (1975): Die psychische Geburt des Menschen – Symbiose und Individuation. Fischer, Frankfurt/M. 1978.

Malson, J. und *O. Mannoni* (1974): Die wilden Kinder. Suhrkamp, Frankfurt/M.

Masuda, M. und *T. H. Holmes* (1978): Life events: Perceptions and frequencies. Psychosomatic Medicine 40: 236–261.

Mausshardt, M. (1962): Die Welt des Heimkindes. In: *Schwidder, W.* (Hg.): Die Bedeutung der frühen Kindheit für die Persönlichkeitsentwicklung. Verlag für Med. Psychologie im Verlag Vandenhoeck & Ruprecht, Göttingen.

Mednick, S. A. (1970): Breakdown in individuals at high risk for schizophrenia: Possible predispositional perinatal factors. In: *Mednick, S. A., F. Schulsinger* und *J. Higgins* (eds.): Genetics, environment and psychopathology. North Holland Publishing Company, Amsterdam 1974.

Mednick, S. A. und *F. Schulsinger* (1968): Some premorbid characteristics related to breakdown in children with schizophrenic mothers. In: *Mednick, S. A., F. Schulsinger, J. Higgins* und *B. Bell* (eds.): Genetics, environment and psychopathology. North Holland Publishing Company, Amsterdam 1974.

–/– (1970): Factors related to breakdown in children at high risk for schizophrenia. In: *Roff, M.* und *D. F. Ricks* (eds.): Life history studies in psychopathology. Vol. 1 University of Minnesota Press, Minneapolis.

Mednick, S. A. und *T. McNeil* (1974): Current methodology in research on the etiology of schizophrenia: Serious difficulties which suggest the use of the high-risk-group method. In: *Mednick, S. A., F. Schulsinger, J. Higgins* und *B. Bell* (eds.): Genetics, environment and psychopathology. North Holland Publishing Company, Amsterdam 1974.

Mednick, S. A., F. Schulsinger und *Ph. Venables* (1981): A fifteen-year follow-up of children with schizophrenic mothers (Denmark). In: *Mednick, S. A.* und *A. E. Baert* (eds.): Prospective longitudinal research. An empirical basis for the primary prevention of psychosocial disorders. Oxford University Press, Oxford.

Megargee, E. J., G. V. C. Parker und *R. V. Levine* (1971): Relationship of familial and social factors to socialisation in middle-class college students. J. Abnorm. Psychol. 77: 76–89.

Meierhofer, M. (1961): Psychohygiene im frühen Kindesalter. Acta paedopsychiatrica 28: 1–15.

Meierhofer, M. und *W. Keller* (^{3}1974): Frustration im frühen Kindesalter. Huber, Bern, Stuttgart, Wien.

Mendel, G. (1969): Die Revolte gegen den Vater. Fischer, Frankfurt/M. 1972a.

– (1969): Generationskrise. Eine soziopsychoanalytische Studie. Suhrkamp, Frankfurt/M. 1972b.

Mertens, W. (1981): Psychoanalyse. Kohlhammer, Stuttgart, Berlin, Köln, Mainz.

Mitscherlich, A. und *H. Vogel* (1965): Psychoanalytische Motivationstheorie. In: Handbuch der Psychologie, Allg. Psychologie 2, Motivation. Hogrefe, Göttingen.

Mitscherlich-Nielsen, A. (1978): Zur Psychoanalyse der Weiblichkeit. Psyche 32: 669–694.

Moog, W. und *E. S. Moog* (1972): Die entwicklungspsychologische Bedeutung von Umweltbedingungen im Säuglings- und Kleinkindalter. Marhold, Berlin.

Moss, H. A. und *J. Kagan* (1964): Report on personality consistency and change from the fels longitudinal study. Vita humana 7: 127–138.

Mueller, D. P., D. W. Edwards und *R. M. Yarvis* (1977): Stressful life events and psychiatric symptomatology. Change or undesirability. Journal of Health and Social Behavior 18: 307–317.

Müller-Braunschweig, H. (1975): Die Wirkung der frühen Erfahrung. Das erste Lebensjahr und seine Bedeutung für die psychische Entwicklung. Klett, Stuttgart.

Murphy, L. B. (1962): The widening world of childhood. Paths towards mastery. Basic Books, New York.

– (1970): The problem of defense and the concept of coping. In: *Anthony, E. J.* und *C. Koupernik* (eds.): The child in his family. Wiley, New York.

– (1974): Coping, vulnerability, and resilience in childhood. In: *Coelho, G. V., D. A. Hamburg* und *J. E. Adams* (eds.): Coping and adaption. Basic Books, New York.

Murphy, L. B. und *A. E. Moriarty* (1976): Vulnerability, coping and growth. From infancy to adolescence. Yale University Press, New Haven.

Myers, J. K., J. J. Lindenthal und *M. P. Pepper* (1974): Life events and psychiatric symptomatology. In: *Ricks, D. F., A. Thomas* und *M. Roff* (eds.): Life history research in psychopathology. Vol. 3. University of Minnesota Press, Minneapolis.

Neugarten, B. (1964): A developmental view of adult personality. In: *Birren, J.* (ed.): Relations of development and aging. Thomas, Springfield, Ill.

Nissen, G. (1971): Depressive Syndrome im Kindes- und Jugendalter. Springer, Berlin, Heidelberg, New York.

Nuechterlein, K. (1970): Competent disadvantaged children: A review of research. Diss. Minneapolis (zit. n. *Garmezy, N.,* 1981; s. dort).

Papousek, H. und *M. Papousek* (1982): Die Rolle der sozialen Interaktionen in der psychischen Entwicklung und Pathogenie von Entwicklungsstörungen. In: *Nissen, G.* (Hg.): Psychiatrie des Säuglings- und des frühen Kindesalters. Huber, Bern, Stuttgart, Wien.

Patterson, G. R. (1983): Stress. A change agent for family process. In: *Garmezy, N.* und *M. Rutter* (eds.): Stress, coping and development in children. McGraw Hill, New York.

Paul, H. S. (1976): Psychische Folgen extremer Lebensverhältnisse. In: *Böhlau, V.* (Hg.): Altern und Voralterung (Bad Sodener Geriatrisches Gespräch). Schattauer, Stuttgart, New York.

Peck, R. F. und *R. J. Havighurst* (1960): The psychology of character development. Wiley, New York.

Peiper, A. (1971): Geschichte der Kinderheilkunde. In: *Opitz, H.* und *F. Schmid* (Hg.): Handbuch der Kinderheilkunde I/1. Springer, Berlin, Heidelberg, New York.

Pfaundler, M. v. (1925): Über Anstaltsschäden an Kindern. Mschr. Kinderheilkunde 29: 611–626.

Piaget, J. (1969): Das Erwachen der Intelligenz beim Kinde. Klett, Stuttgart.

Pies, H. (1973): Kaspar Hauser. Museumsverl., Ansbach.

Pinneau, S. (1950): A critique on the articles by Margaret Ribble. Child Dev. 21: 203–228.

– (1955): The infantile disorders of hospitalism and anaclitic depression. Psychol. Bull. 52: 429–452.

Plauth, S. M. und *J. M. Davis* (1972): Effects of mother litter separation on survival, growth and brain aminoacid levels. Physiol. and Behaviour (zit. n. *Langenmayr, A.,* 1975; s. dort).

Portmann, A. (1951): Biologische Fragmente zu einer Lehre vom Menschen. Schwabe, Basel (^{3}1969).

Prall, R. C. (1978): The role of the father in the preoedipal years. In: J. Am. Psa. Ass. 26: 143–161.

Pringle, M. und *V. Bossio* (1960): Early, prolonged separation and emotional maladjustment. Child Psychology and Psychiatry 1: 37–48.

Pringle, M. und *L. Clifford* (1962): Conditions associated with emotional maladjustment among children in care. Educational Review 14: 112–123.

Pritchard, M. und *P. Graham* (1966): An investigation of a group of patients who have attended both the child and adult departments of the same psychiatric hospital. Brit. J. Psychiat. 112: 603–612.

Rahe, R. H., M. Meyer, M. Smith, G. Kjaer und *Th. Holmes* (1964): Social stress and illness onset. J. Psychosom. Res. 8: 35–44.

Rapaport, D. (1960): Die Struktur der psychoanalytischen Theorie. Klett, Stuttgart.

Rauchfleisch, U. (1981): Dissozial. Verlag für Med. Psychologie im Verlag Vandenhoeck & Ruprecht, Göttingen.

Rhoades, M. C. (1907/8): Case study of delinquent boys in the juvenile court of Chicago. American Journal of Sociology 13: 56–78 (zit. nach *Roff, M.*, 1974; s. dort).

Ribble, M. A. (1941): Disorganizing factors of infant personality. Am. J. Psychiat. 98: 459–463.

– (1944): Infantile experience in relation to personality development. In: *Hunt, J. M. V.* (Hg.): Personality and the behavior disorders. Ronald, New York.

Richter, H.-E. (1967): Eltern, Kind und Neurose. Klett, Stuttgart.

– (1970): Patient Familie. Rowohlt, Reinbek.

Ricks, D. F. und *J. C. Berry* (1970): Family and symptom patterns that precede schizophrenia. In: *Roff, M.* und *D. Ricks* (eds.): Life history research in psychopathology. Vol. 1. University of Minnesota Press, Minneapolis.

Robins, L. N. (1966): Deviant children grown up: A psychiatric and sociological study of sociopathic personality. Williams & Wilkins, Baltimore.

– (1970): Follow-up studies investigating childhood disorders. In: *Wing, E. H.* und *J. K. Wing* (eds.): Psychiatric epidemiology. Oxford University Press, London.

– (1972): Follow-up studies of behavior disorders. In: *Quay, H. C.* und *J. S. Werry* (eds.): Psychopathological disorders of childhood. Wiley, New York.

– (1974): Deviant children grown up. Krieger, New York.

– ([2]1979): Longitudinal methods in the study of normal and pathological development. In: *Kisker, K. P., J. E. Meyer, C. Müller* und *E. Stroemgren* (Hg.): Psychiatrie der Gegenwart, I/1. Springer, Berlin, Heidelberg, New York.

Robinson, H. B. und *N. M. Robinson* (1972): Zum Problem des Einsetzens vorschulischer Erziehung. In: *Hess, R.* und *R. Bear* (Hg.): Frühkindliche Erziehung. Beltz, Weinheim.

Roff, M. (1961): Childhood. Social interactions and young adult bad conduct. J. of Abnormal and Social Psychology 63: 333–337.

– (1970a): Some life history factors in relation to various types of adult maladjustment. In: *Roff, M.* und *D. Ricks* (eds.): Life history research in psychopathology. Vol. 1. University of Minnesota Press, Minneapolis.

– (1970b): Some problems in life history research. In: *Roff, M.* und *D. Ricks* (eds.): Life history research in psychopathology. Vol. 1. University of Minnesota Press, Minneapolis.

– (1972): A two-factor approach to juvenile delinquency and the later histories of juvenile delinquents. In: *Roff, M., L. N. Robins* und *M. Pollack* (eds.): Life history research in psychopathology. Vol. 2. University of Minnesota Press, Minneapolis.

– (1974): Childhood antecedents of adult neurosis, severe bad conduct, and psychological health. In: *Ricks, D. F., A. Thomas* und *M. Roff* (eds.): Life history research in psychopathology, Vol. 3. University of Minnesota Press, Minneapolis.

Rohner, R. (1975): They love me, they love me not. HRAF Press, New Haven, Conn. (zit. nach *Werner, E. E.* und *R. S. Smith,* 1982; s. dort).

Rosenburg, M. (1965): Society and the adolescent self-image. Princeton University Press, Princeton N.J.

Rotman, M. (1978): Über die Bedeutung des Vaters in der „Wiederannäherungs-Phase". Psyche 32: 1105–1147.

Rosenzweig, M. (1965): Environmental complexity, cerebral change, and behavior. Amer. Psychologist 20: 321–332.

– (1970): Evidence for anatomical and chemical change in the brain during primary learning. In: *Pribram, K.* und *D. Broadbent* (eds.): Biology of memory. Academic Press, New York.

Rudolf, G. (1977): Krankheiten im Grenzbereich von Neurose und Psychose. Verlag für Med. Psychologie im Verlag Vandenhoeck & Ruprecht, Göttingen.

Rutter, M. (1966): Children of sick parents. Oxford Univ. Press, London.

– (1970): Sex differences in children's response to family stress. In: *Anthony, E. J.* und *C. Koupernik* (eds.): The child in his family. Wiley, New York.

– (1971): The origins of social relations. Academic Press. New York, London.

– (1974): Epidemiological strategies and psychiatric concepts in research on the vulnerable child. In: *Anthony, E. J.* und *C. Koupernik* (eds.): The child in his family. Vol. 3. Children at psychiatric risk. Wiley, New York.

– (1978): Bindung und Trennung in der frühen Kindheit: Forschungsergebnisse zur Mutterdeprivation. Juventa, München.

– (1979): Protective factors in children's responses to stress and disadvantage. In: *Kent, M. W.* und *J. E. Rolf* (eds.): Primary prevention of psychopathology: Social competence in children. Vol. 3. University Press of New England, Hanover, N.H.

– (1983): Stress, coping and development: Some issues and some questions. In: *Garmezy, N.* und *M. Rutter* (eds.): Stress, coping and development in children. McGraw Hill, New York.

Rutter, M. und *D. Quinton* (1981): Longitudinal studies of institutional children and children of mentally ill parents (United Kingdom). In: *Mednick, S. A.* und *A. E. Baert* (eds.): Prospective longitudinal research. An empirical basis for the primary prevention of psychosocial disorders. Oxford University Press, Oxford.

Rutter, M., J. Tizard und *K. Whitmore* (1970): Education, health and behavior. Longman, London.

Rydelius, P.-A. (1981): Children of alcoholic fathers: A longitudinal prospective study (Sweden). In: *Mednick, S. A.* und *A. E. Baert* (eds.): Prospective longitudinal research. An empirical basis for the primary prevention of psychosocial disorders. Oxford University Press, Oxford.

Sandler, J. (1960): Sicherheitsgefühl und Wahrnehmungsvorgang. Psyche 15: 124–131 (1961/62).

Sandler, J. und *W. G. Joffe* (1967): Die Persistenz in der psychischen

Funktion und Entwicklung mit besonderem Bezug auf die Prozesse der Fixierung und Regression. Psyche 21: 81-98.

Schaie, K. W. und *P. B. Baltes* (1975): On sequential strategies and developmental research. Human Development 18: 384-390.

Schapiro, S. und *K. Vukovich* (1970): Early experience effects upon cortical dendrites. Science 167: 292-294.

Schepank, H. (1971): Erb- und Umwelteinflüsse bei 50 neurotischen Zwillingspaaren. In: Zeitschrift für Psychotherapie und med. Psychologie 21: 41-50.

– (1973): Erb- und Umweltfaktoren bei Neurosen. Ergebnisse der Zwillingsforschung und anderer Methoden. Nervenarzt 44: 449-459.

– (1974): Erb- und Umweltfaktoren bei Neurosen. Springer, Berlin, Heidelberg, New York.

– (1976): Erb- und Umweltfaktoren bei der Entwicklung psychogener Störungen im Kindes- und Jugendalter. In: *Nissen, G.* und *U. F. Specht* (Hg.): Psychische Gesundheit und Schule. Luchterhand, Neuwied, Darmstadt.

– (1980/82): Instruktion zum Neuroseschwerescore. In: *Heigl-Evers, A.* und *H. Schepank* (Hg.): Ursprünge seelisch bedingter Krankheiten, 2. Bd. Verlag für Med. Psychologie im Verlag Vandenhoeck & Ruprecht, Göttingen.

– (1981): Der Krankheitsbegriff in Gesundheitsplanung, Forschung und analytischer Praxis. In: *Bach, H.* (Hg.): Der Krankheitsbegriff in der Psychoanalyse. Verlag für Med. Psychologie im Verlag Vandenhoeck & Ruprecht, Göttingen.

– (1982): Epidemiologie psychogener Erkrankungen. Psychosom. Med. 28: 104-125.

– (1983): Report of an epidemiological field study about neurosis and psychosomatic disorders. Psychother. Psychosom. 40: 158-165.

– (1986a): Epidemiologie psychogener Störungen. In: *Kisker, K. P., H. Lauter* u. a. (Hg.): Psychiatrie der Gegenwart I. Springer, Berlin, Heidelberg, New York, Tokyo.

– (1987): Psychogene Erkrankungen der Stadtbevölkerung. Springer, Berlin, Heidelberg, New York, Tokyo (in Vorb.).

Schepank, H., H. Hilpert, H. Hönmann, B. Janta, H. Parekh, P. Riedel, N. Schiessl, H. Stork, W. Tress und *M. Weinhold-Metzner* (1984a): Das Mannheimer Kohorten-Projekt. Die Prävalenz psychogener Erkrankungen in der Stadt. Zschr. Psychosom. Med. 30: 43-61.

Schepank, H., H. Hilpert, H. Hönmann u.a. (1984b): Wie häufig kommen seelisch bedingte Erkrankungen wirklich vor? Prax. Psychother. Psychosom. 29: 105-114.

Schmalohr, E. (1968): Frühe Mutterentbehrung bei Mensch und Tier. Kindler, München.

– (1975): „Mutter"-Entbehrung in der Frühsozialisation. In: *Neidhardt, F.* (Hg.): Frühkindliche Sozialisation. Enke, Stuttgart.

Schultz-Hencke, H. (1947): Der gehemmte Mensch. Thieme, Stuttgart 1951.

- (1951): Lehrbuch der analytischen Psychotherapie. Thieme, Stuttgart 1970.

Schwidder, W. (1962): Die Bedeutung der frühen Kindheit für die Persönlichkeitsentwicklung. In: Schwidder, W. (Hg.): Die Bedeutung der frühen Kindheit für die Persönlichkeitsentwicklung. Verlag für Med. Psychologie im Verlag Vandenhoeck & Ruprecht, Göttingen ([3]1975).

- (1967): Zur Bedeutung des Vaters bei der Entstehung und Behandlung von Neurosen. Praxis Kinderpsychologie 16: 193-202.

- (1972): Klinik der Neurosen. In: Kisker, K. P., J. E. Meyer, M. Müller und E. Strömgren (Hg.): Psychiatrie der Gegenwart. Springer, Berlin, Heidelberg, New York.

Seidler, E. (1964): Der Neugeborenenversuch Friedrich II. von Hohenstaufen. Dtsch. Ärzteblatt 39: 2029-2032.

Siegrist, J. (1980): Die Bedeutung von Lebensereignissen für die Entstehung körperlicher und psychosomatischer Erkrankungen. Nervenarzt 51: 313-320.

Slater, D. und M. D. Ainsworth (1972): Weitere Untersuchungen über die Folgen der Mutterentbehrung. In: Bowlby, J.: Mutterliebe und kindliche Entwicklung. Reinhard, München.

Sontag, L., C. T. Baker und V. L. Nelson (1958): Mental growth and personality development: A longitudinal study. Monogr. Society Res. Child Develop. Nr. 68, Washington D.C.

Spitz, R. A. (1945): Die Entstehung der ersten Objektbeziehungen. Klett, Stuttgart [3]1973.

- (1946): Anaclitic depression: An inquiry into the genesis of psychiatric conditions in early childhood. The Psychoanalytic study of the child 2: 313-342.

- (1950): Anxiety in infancy: A study of its manifestations in the first year of life. Int. J. Psycho-Analysis 31: 138-142.

- (1967): Vom Säugling zum Kleinkind. Klett, Stuttgart.

- (1973): Die Evolution des Dialogs. Psyche 27: 697-717.

Srole, L., T. Langner, S. Michael, U. Opler und T. Dennie (1962): Mental health in the metropolis. McGraw Hill, New York.

Stacey, M., R. Deardon, R. Pill und D. Robinson (1970): Hospitals, children and their families. Routedge & Kegan Paul, London.

Stern, S., S. A. Mednick und F. Schulsinger (1974): Social class, institutionalization and schizophrenia. In: Mednick, S. A., F. Schulsinger, J. Higgins und B. Bell (eds.): Genetics, Environment and Psychopathology. North-Holland Publishing Company, Amsterdam.

Stober, B. (1980): Kinder aus geschiedenen Ehen. Zeitschr. Kinder- u. Jugendpsychiatrie 8: 79-92.

Stork, J. (1976): Die seelische Entwicklung des Kleinkindes aus psychosomatischer Sicht. In: Eicke, D. (Hg.): Psychologie des 20. Jahrhunderts 2. Kindler, Zürich, München.

- (1983): Frühe Triangulation. In: Mertens, W. (Hg.): Psychoanalyse. Urban & Schwarzenberg, München, Wien, Baltimore.

Strotzka, H. (1969): Kleinburg. Eine sozialpsychiatrische Feldstudie. Österreichischer Bundesverlag, Wien.

Thomas, A., S. Chess und *H. Birch* (1968): Temperament and behavior disorders in children. University of London Press, London.

Tizard, B. und *J. Hodges* (1978): The effects of early institutional rearing on the behavior problems and affectional relationships of eight year old children. J. of Child Psychology and Psychiatry 19: 99–118.

Tress, W. (1987): Der Beeinträchtigungsscore für psychogene Erkrankungen. In: *Schepank, H.:* Psychogene Erkrankungen der Stadtbevölkerung. Springer, Berlin, Heidelberg, New York, Tokyo (in Vorb.).

– (1986): Das Sample. In: *Schepank, H.:* Psychogene Erkrankungen der Stadtbevölkerung. Springer, Berlin, Heidelberg, New York, Tokyo (in Vorb.).

Tyhurst, J. (1957): The role of transition states – including disasters – in mental illness. In: Symposium on preventive and social psychiatry. Government Printing Office, Washington (zit. n. *Dohrenwend, B. S.* und *B. P. Dohrenwend,* 1972; s. dort).

Vaillant, G. E. (1974): Antecedents of healthy adult male adjustment. In: *Ricks, D., A. Thomas* und *M. Roff* (eds.): Life history research in psychopathology. Vol. 3. The University of Minnesota Press, Minneapolis.

– (1980): Werdegänge. Erkenntnisse der Lebenslauf-Forschung. Rowohlt, Reinbek.

Wallerstein, J. S. (1983): Children divorce: Stress and developmental tasks. In: *Garmezy, N.* und *M. Rutter* (eds.): Stress, coping and development in children. McGraw Hill, New York.

Wallerstein, J. S. und *J. B. Kelly* (1980): Surviving and break-up. Basic Books, New York.

Wedge, P. und *H. Prosser* (1973): Born to fail. Arrow Books, London.

Weidemann, J. (1959): Das Kind im Heim. Z. Kinderpsychiat. 26: 1–10 und 77–86.

Weinstock, A. R. (1967): Family environment and the development of defense and coping mechanism. J. Personality and Social Psychology 5: 67–75.

Werner, E. E. und *R. S. Smith* (1977): Kauai's children come of age. University of Hawaii Press, Honolulu.

–/– (1982): Vulnerable but invincible: A study of resilient children. McGraw Hill, New York.

West, D. J. und *D. P. Farrington* (1973): Who becomes delinquent? Heinemann, London.

–/– (1977): The delinquent way of life. Heinemann, London.

Winnicott, D. (1958): Von der Kinderheilkunde zur Psychoanalyse. Kindler, München 1976.

– (1960): Reifungsprozesse und fördernde Umwelt. Kindler, München 1974.

– (1965): The family and individual development.

167

Wittling, W. (1980): Psychophysiologische Diagnostik. In: *Wittling, W.* (Hg.): Handbuch der klinischen Psychologie, 1. Hoffman u. Campe, Hamburg.

Wolkind, S. N. (1974): Sex differences in the aetiology of antisocial disorders in children in long-term residential care. British Journal of Psychiatry 125: 125–130.

World Health Organization (1974): Glossary of mental disorders and guide for their classification. For use in conjunction with the international classification of diseases, 8th. revision. World Health Organization, Genf.

Wrede, G., Byring, S. Enberg, M. Huttunen, S. A. Mednick und *C. G. Nilsson* (1981): A longitudinal study of a risk group in Finland. In: *Mednick, S. A.* und *A. E. Baert* (eds.): Prospective longitudinal research. An empirical basis for the primary prevention of psychosocial disorders. Oxford University Press, Oxford.

Wynne, L. C. und *M. T. Singer* (1965): Denkstörung und Familienbeziehung bei Schizophrenen. Psyche 19: 81–160.

Zerssen, D. von und *D.-M. Koeller* (1976): Die Beschwerdenliste. Beltz, Weinheim.

Sachwortregister

Abwehr, intrapsychische 29, 42, 48
Adaption 35, 45, 53
Adoption 32
Adoptivkind 51
Aktivitätsniveau 21, 42
Alkoholismus 48
Altersabstand 85f., 96f., 107f.
Anamnese, biographische 133
Ankerbeispiele 66f.
Anpassung 46, 48, 138
–, psychosoziale 35
Anpassungsfähigkeit 44
Anpassungsstrategien 29
Antriebserleben, intentionales
    144

Bedingungsmodell
–, komplexes 114ff.
–, reduziertes 117ff., 142
Beeinträchtigung
–, körperliche 66
–, psychische 66
–, sozialkommunikative 66
Beeinträchtigungsscore 63ff.
Belastung, frühkindliche 68, 114
Belastungsmomente, spezielle psy-
    chosoziale 113ff., 119ff.,
    126f., 129f., 146
Bewältigung 34
Beziehung
–, befriedigende 34
–, positive 49f., 54, 144
–, stabile 32, 45, 54, 134
–, warme emotionale 49, 54
Bezugsperson, primäre 52, 71
„bonding" 44, 48
„broken home" 16f., 26f., 36, 86

Coping 35, 42, 45, 139
„cut-off-point" 62, 67

Datengewinnung, retrospektive 132
Delinquenz 18, 36
Deprivation 20ff., 26f.
–, psychische 15
Deprivationsfolgen, kurzfristige 17
Deprivationsforschung 13, 19
Differenzierung, Subphasen der
    23f.
Dispositionen 23, 25f.
„distress" 139
Dualunion 23
Dyade, präödipale 142, 150

Einfluß, kompensatorischer 30, 146
Einflüsse, belastende und patho-
    gene 30f., 33
Eheprobleme, chronische 40
Ehestreitigkeiten 41
Einzelkind 95f., 107
–, relatives 96, 107
Elastizität 45
Elastizitätshypothese 31
Elternbeziehung, schlechte 110
Entwicklung
–, kompensatorische 30
–, psychosoziale 30f.
Entwicklungsbedingungen 32f.,
    71ff.
Entwicklungslehre, psychoanalyti-
    sche 53
Entwicklungsprozesse 23f.
Epidemiologie 61, 147
Ersatzmutter 88f., 110

171

Annelise Heigl-Evers / Heinz Schepank (Hg.)
Ursprünge seelisch bedingter Krankheiten
Eine Untersuchung an 100+9 Zwillingspaaren mit Neurosen und psychosomatischen Erkrankungen. Mit Beiträgen von P. E. Becker, A. Heigl-Evers, L. Janus, B. Janus-Stanek, C. O. Köhler, H. Schepank, Helga Schepank, G. Standke, F. Vogel und G. Wagner.

Band I: Wege, Probleme und Methoden. 1980. XIII, 376 Seiten, kartoniert

Band II: Ergebnisse. 1982. XIII, 471 Seiten, kartoniert

Ilsabe von Viebahn
Seelische Entwicklung und ihre Störungen
Ein psychoanalytischer Grundlehrgang. 3. Auflage 1986. 262 Seiten, kartoniert

Fritz B. Simon
Der Prozeß der Individuation
Über den Zusammenhang von Vernunft und Gefühlen. 1984. 223 Seiten mit 4 Abbildungen, kartoniert

Werner Schwidder (Hg.)
Die Bedeutung der frühen Kindheit für die Persönlichkeitsentwicklung
(Beiheft 5 zur Zeitschrift »Praxis der Kinderpsychologie und Kinderpsychiatrie«). 3. Auflage 1975. 83 Seiten, kartoniert

Theodor F. Hau
Frühkindliches Schicksal und Neurose
Schizoide und depressive Neurose-Erkrankungen als Folge frühkindlicher Erlebnisse in der Kriegszeit. (Beiheft 10 zur Zeitschrift »Praxis der Kinderpsychologie und Kinderpsychiatrie«). 1968. 153 Seiten und zahlreiche Tabellen, kartoniert

 **Verlag für Medizinische Psychologie im Verlag Vandenhoeck & Ruprecht · Göttingen / Zürich**

Horst Petri
Soziale Schicht und psychische Erkrankung im Kindes- und Jugendalter
Eine Erprobungsstudie an einer kinder- und jugendpsychiatrischen Population. Unter Mitarbeit von Lutz Rosenberg und Christine Thate. (Beiheft 9 zur Zeitschrift »Gruppenpsychotherapie und Gruppendynamik. Beiträge zur Sozialpsychologie und therapeutischen Praxis«). 1979. 201 Seiten, kartoniert

Annemarie Dührssen
Die biographische Anamnese unter tiefenpsychologischem Aspekt
2., durchgesehene und um ein Sachwortverzeichnis erweiterte Auflage 1986. 159 Seiten, kartoniert

Erich Lindemann
Jenseits von Trauer
Beiträge zur Krisenbewältigung und Krankheitsvorbeugung. Herausgegeben von Peter Kutter. Aus dem Amerikanischen von Dagmar Friedrich. 1985. VIII, 204 Seiten mit 11 Abbildungen, kartoniert

Helmut Bach (Hg.)
Der Krankheitsbegriff in der Psychoanalyse
Bestimmungsversuche auf einem Psychoanalytiker-Kongress der Deutschen Gesellschaft für Psychotherapie, Psychosomatik und Tiefenpsychologie. 1981. 154 Seiten, kartoniert

Michael Klöckner / Udo Tworuschka (Hg.)
Gesundheit
(Ethik der Religionen – Lehre und Leben 3). 1985. 190 Seiten, kartoniert

 **Verlag für Medizinische Psychologie**
Vandenhoeck & Ruprecht · Göttingen/Zürich